50 erlebnisreiche Ausflüge mit Kindern in der Natur

Das große Familien–
Outdoor–Abenteuer–
Buch Bayern

J. BERG

Inhalt

Tourenüberblick 6

Vorwort 8

Wissenswertes vorweg 11

Rein ins Outdoor-Abenteuer 18

Outdoor-Abenteuer Paddeln 24

Outdoor-Abenteuer Biken 56

Outdoor-Abenteuer Wandern 90

Outdoor-Abenteuer Zelten 122

Outdoor-Abenteuer Klettern 156

Bayerischer Wald

Unterwegs im bayerischen Kanada 22

1 **Rauf auf den Haidel** 26
Ein Geisterdorf im Bayerischen Wald

2 **Tierfreigehege beim
Hans-Eisenmann-Haus** 29
Aug in Aug mit Luchs und Wolf

3 **Freilichtmuseum Finsterau** 32
Früher leben miterleben

4 **Mit dem Kanu im Regen** 34
Auf dem Amazonas des
Bayerischen Waldes

5 **Schachten-Bummler** 37
Zum verlorenen Schachten
an der Grenze

6 **Sankt Englmar** 40
Gipfelglück am Pröller und Liesels Kuchen!

7 Rund um den Arbersee 42
Märchenwald und Schwingrasen

8 Bayerwaldtierpark Lohberg 45
Tierisches Glück für Kinder und Eltern

9 Burg Wolfsegg 48
Zeitreise zurück in die Ritterzeit und
eine weiße Frau

10 Paddeln auf dem Chamb 50
Ideal für Anfänger

**Günstig übernachten: Jugend-
herbergen und Campingplätze
im Bayerischen Wald** 53

Franken und Niederbayern

Outdoor-Abwechslung für die Familie 54

11 Naila 60
Tierisch wandern mit Lamas

12 Mainradweg 62
Kommt Zeit, kommt Rad! Von Staffelstein
nach Bamberg

13 Staffelberg 64
Heiliger Berg der Franken

14 Burg Rabenstein 66
Falken, Ritter und Höhlenbären

15 Hirschbachtal 69
Höhenglück und Norissteig

16 Paddeln auf der Pegnitz 72
Eine der schönsten Kanutouren
in Deutschland

19 Greifvögel über dem Altmühltal

23 Walchensee

32 Schwarzwasserhütte

45 Wasseralfingen

Oberbayern
Wikinger, Dinosaurier und
Märchen warten auf die Kinder **88**

21 **Altmühltal** **92**
Hammer und Meißel: Fossilien selbst
ausgraben

22 **Herzogstand** **95**
Raufgondeln oder volles Programm

23 **Walchensee** **98**
Wikinger in Oberbayern

24 **Chiemsee** **100**
Paddeln auf dem bayerischen Meer

25 **Herrenchiemsee** **102**
Wandern bei Königs abseits der
Touristenmassen

26 **Schloss Stein** **105**
Gruseln in der Höhlenburg

27 **Röthelmoos** **108**
Ponys, Kühe und gutes Essen

17 **Brombachseen** **75**
In der fränkischen Karibik

18 **Altmühlradweg** **78**
Alles im Fluss

19 **Greifvögel über dem Altmühltal** **80**
Schloss Rosenburg

20 **Könige, Kelten, Kirche** **82**
Von Kelheim nach Weltenburg wandern

Preiswertes Basislager: Jugend-
herbergen in Franken **86**

28 **Heutal** 110
Einmal hinter dem Wasserfall stehen

29 **Märchenpfad Bischofswiesen** . . . 112
Rätselhafte Märchen und wundervolle
Figuren

30 **Kühroint-Alm** 115
Dem Watzmann ganz nah

Die sind ihren Preis wert:
Jugendherbergen in Oberbayern 118

Allgäu

Der Wilde Westen Bayerns ist
immer für ein Abenteuer gut 120

31 **Wildwasserschwimmen** 126
Die wilden Wasser im Allgäu

32 **Alpe Melköde** 128
Eine der schönsten Stellen
im Kleinwalsertal

33 **Breitachklamm** 130
Ganz tief im Allgäu

34 **Expedition Nagelfluh** 132
Ein markanter Gipfel im Allgäu ist das
Hochgrat

35 **Imberg** 134
Herrgottsbeton, Schumpn und
eine verkehrte Welt

36 **Erzgruben am Burgberg** 138
Auf den Spuren der Bergleute

37 **Wasseramselsteig** 141
Klettersteig im Bach

38 **Heiße Kurven auf der Alpspitz** . . 144
Mit dem Schlitten ins Tal

39 **Alpsee** 146
Baden wie bei Königs

40 **Tegelberg** 149
Den bayerischen Königen ganz nah

Wohl zu ruhen: Jugendherbergen
und Zeltplätze im Allgäu 153

Schwäbische Alb und Bayerisch-Schwaben

Durch die Zeit reisen
mit der Familie 154

41 **Ipf** 158
Kelten, Modellflugzeuge und
ein platter Berg

42 **Burg Katzenstein** 161
Eine Burg wie aus dem Bilderbuch

43 **Kammeltalradweg** 164
Ja, mir san mit'm Radl da

44 **Rainau** 168
Limesturm, Teufelsmauer und Prunktor

45 **Aalen-Wasseralfingen** 172
Stollen wir sie reinlassen?
Mit den Kindern unter Tage

46 **UrMeerpfad Gerstetten** 174
Ein urzeitliches Riff mit Spielplatz

47 **Roggenburg** 176
Ökorallye um das Kloster

48 **Kellmünz** 180
Sandalen an der Iller

49 **Wäscherschloss** 182
Eine Ritterburg, wie sie sein soll

50 **Rulaman-Höhle** 184
Steinzeitmenschen, Wölfe und Ritter

Sparen wie die Schwaben:
günstig schlafen
in der Jugendherberge 187

Abspann 188

Register 189

Impressum und Bildnachweis 192

Tourenüberblick

Tour		Weglänge	Höhenunterschied	Gehzeit	Alter in Jahren	Kinderwagengeeignet	Einkehr	Spielplatz	Aussicht	Bademöglichkeit	Wandern	Besichtigung
1	● Rauf auf den Haidel	6 km	150 m	1.30 Std.	6		●		●		●	
2	● Tierfreigehege beim Hans-Eisenmann-Haus	7 km	75 m	3 Std.	2		●					●
3	● Freilichtmuseum Finsterau				2		●					●
4	● Mit dem Kanu im Regen	107,2 km	51 m	5 Tage	8		●					
5	● Schachten-Bummler	15 km	360 m	6 Std.	12		●				●	
6	● Sankt Englmar	6 km	210 m	2 Std.	6		●		●		●	
7	● Rund um den Arbersee	22,4 km	410 m	5 Std.	10	●	●				●	
8	● Bayerwaldtierpark Lohberg	1,5 km			2	●	●	●				●
9	● Burg Wolfsegg				2		●					●
10	● Paddeln auf dem Chamb	18,53 km	35 m	5 Std.	8		●					
11	● Naila			2.30 Std.	7	●	●				●	
12	● Mainradweg	38 km	101 m	3.30 Std.	8		●			●		
13	● Staffelberg	6,5 km	150 m	2 Std.	6	●	●		●		●	
14	● Burg Rabenstein	1,2 km	70 m	15 Min.	4		●				●	●
15	● Hirschbachtal	3,2 km	90 m	1 Std.	8		●				●	
16	● Paddeln auf der Pegnitz	25 km		5 Std.	8		●					
17	● Brombachseen	28 km	10 m	3 Std.	6		●	●		●		
18	● Altmühlradweg	255 km	300 m	3–5 Tage	8		●		●		●	
19	● Greifvögel über dem Altmühltal				2		●		●		●	
20	● Könige, Kelten, Kirche	5,6 km	130 m	1.30 Std.	5		●				●	
21	● Altmühltal				5		●					●
22	● Herzogstand	15 km	840 m	2.30 Std.	10		●		●		●	
23	● Walchensee	20,74 km		6–7 Std.	10		●			●		
24	● Chiemsee	18,1 km		5–6 Std.	10		●			●		

Weglänge
Höhenunterschied
Gehzeit

 Alter in Jahren
 Kinderwagengeeignet
Einkehr
Spielplatz

  Aussicht
Bademöglichkeit
Wandern
Besichtigung

Tour			🥾 km	⛰	🕐									
25	●	Herrenchiemsee	7 km	20 m	2 Std.	5		●		●	●		
26	●	Schloss Stein			1 Std.	5		●					●
27	●	Röthelmoos	6,4 km	200 m	3 Std.	6	●	●			●		
28	●	Heutal	17 km	380 m	5 Std.	10		●			●		
29	●	Märchenpfad Bischofswiesen	2 km	20 m	1 Std.	3		●		●	●	●	
30	●	Kühroint-Alm	15 km	796 m	5 Std.	10		●		●	●		
31	●	Wildwasserschwimmen				12					●		●
32	●	Alpe Melköde	7,5 km	256 m	3 Std.	8	●	●			●		
33	●	Breitachklamm	4,3 km	167 m	1.30 Std.	5		●			●		
34	●	Expedition Nagelfluh	5,5 km	844 m	5 Std.	12		●		●	●		
35	●	Imberg	6,5 km	230 m	3 Std.	6	●	●	●		●		
36	●	Erzgruben am Burgberg	6 km	138 m	3 Std.	6		●			●		
37	●	Wasseramselsteig	2,6 km	50 m	1.30 Std.	6		●	●		●	●	
38	●	Heiße Kurven auf der Alpspitz	3,8 km	380 m	2 Std.	6		●					
39	●	Alpsee	5,5 km	165 m	2.30 Std.	6		●		●	●	●	
40	●	Tegelberg	17 km	1330 m	7 Std.	10		●		●	●		
41	●	Ipf	6 km	240 m	1.30 Std.	6		●		●	●		
42	●	Burg Katzenstein			2 Std.	3		●					●
43	●	Kammeltalradweg	71 km		6 Std.	8		●					
44	●	Rainau	11 km	175 m	3 Std.	6		●			●		
45	●	Aalen-Wasseralfingen	4 km	180 m	2 Std.	8		●			●	●	
46	●	UrMeerpfad Gerstetten	14 km	189 m	4 Std.	8	●	●	●	●	●		
47	●	Roggenburg	5,3 km	100 m	2 Std.	6		●			●		
48	●	Kellmünz				5		●					●
49	●	Wäscherschloss	5 km	10 m	1.30 Std.	6		●			●	●	
50	●	Rulaman-Höhle	3 km	81 m	1 Std.	8		●		●	●		

Vorwort

»Paddle your own canoe!«
Robert Stephenson Smyth Baden-Powell,
1. Baron Baden-Powell of Gilwell,
Gründer der Pfadfinderbewegung

Liebe Eltern,

im eigenen Kanu paddeln – wann hat ein Kind schon mal die Gelegenheit dazu? Dabei gibt es in Bayern genügend Flüsse und Seen, auf denen Familien Kanu fahren können. Hier lernen Kinder und Erwachsene die Welt aus einer anderen Perspektive kennen. Eine Welle im Fluss, die wir vom Ufer aus kaum wahrnehmen, kann für jemanden, der im Kanu sitzt, eine Herausforderung sein.

Mit Kindern draußen unterwegs zu sein ist immer eine Herausforderung. Die Tour soll die Kleinen nicht überfordern oder gar langweilig sein. Anders als bei Pauschalreisen sind wir Eltern bei solchen Aktivitäten stark gefordert. Doch genau darin liegt ja der Reiz. Gemeinsam als Familie eine Radtour unternehmen, zusammen nach Fossilien suchen oder auf einen Berg steigen – diese gemeinsamen Erlebnisse sind unbezahlbar, denn daran werden sich die Kinder noch in vielen Jahren erinnern.

Bei solchen Aktionen lernen wir ganz neue Seiten kennen – an den Kindern und auch an uns. Wenn wir auf einem der bayerischen Seen paddeln und uns vom Ufer entfernen, dann ist uns und den Kindern mulmig zumute. Was machen wir, wenn das Kanu kippt? Das haben die Erwachsenen im Hinterkopf. Kinder sind da zum Glück anders. Sie denken nicht daran, was vielleicht passieren kann, sondern leben intensiv im Moment. Eine Eigenschaft, die wir Erwachsene irgendwann verlernt haben. Viele Jahre leitete ich Pfadfindergruppen und erlebte dabei immer wieder, wie die Kinder ihre eigenen Grenzen bei Aktionen in der Natur verschoben haben. Jugendliche, die großmäulig auftraten, brachten im Kanu oder Kajak plötzlich kein Wort mehr über die Lippen, weil sie Angst hatten, während andere Kinder, die sich sonst eher verschlossen oder ängstlich zeigten, auf dem Wasser oder am Felsen über sich hinauswuchsen. Wenn wir als Eltern mit den Kindern etwas draußen unternehmen, kann das mehr sein, als nur ein netter Ausflug. Die Kleinen bekommen noch mehr Vertrauen in sich selbst und in uns. Paddle your own canoe.

Ich hatte einmal das große Glück, Yvon Chouinard erleben zu dürfen. Der US-Amerikaner gehörte zu den ersten Bigwall-Kletterern. Bigwalls sind hohe Felswände, die sich meist nicht an einem Tag durchklettern lassen. Deshalb müssen die Alpinisten in der Felswand übernachten und ihren Proviant mitführen. Yvon gründete auch die bekannte Öko-Outdoor-Marke Patagonia. Er erzählte, dass er einmal Kajak bewusst ohne Paddel fuhr. Er ließ sich vom Wasser treiben, spürte dessen Kraft und irgendwann trieb sein Kajak ohne ihn den Fluss hinunter. Doch Yvon erklärte, dass er durch diese Aktion unglaublich viel für sein Leben gelernt hatte. Mit den eigenen Händen etwas herstellen, das könnte eigentlich jedes Kind. Doch viele können nach zehn Jahren Schule nur noch mit den Fingern über das Display streichen. Immer mehr geben wir unseren Verstand und unsere Fähigkeiten an das Internet ab. Aus diesem Grund habe ich auch Bastelvorschläge und Kochrezepte in dieses Buch aufgenommen. Denn auch das gehört zum Draußen-unterwegs-Sein: Materialien in der Natur suchen und etwas daraus basteln. In meiner Kindheit lieh ich mir immer wieder Bastelbücher aus der Bibliothek aus. Völlig frustriert musste ich feststellen, dass meine Basteleien, im Gegensatz zu den perfekten Werkstücken auf den Fotos in den Büchern, schief und krumm aussahen. Erst später kapierte ich, dass Erwachsene mit professionellen Maschinen und Werkzeugen diese tollen Sachen gebastelt hatten. Deshalb finden Sie, liebe Leserinnen und Leser, bei meinen Bastelvorschlägen in diesem Buch keine exakten Längenangaben. Beim Schnitzen oder bei anderen Basteleien zählen nur zwei Dinge: Die Kinder sollen Freude daran haben und zufrieden damit sein. So ist auch garantiert, dass zwei geschnitzte Figuren nie gleich aussehen. Beim Schnitzen müssen sich die Kinder konzentrieren. Multitasking, wie wir Erwachsene es immer wieder fatalerweise vorleben, ist dabei unmöglich. Paddle your own canoe.

Ganz alleine konnte ich dieses Buch nicht durchziehen. Mein Dank, der von Herzen kommt, gilt allen, die mitgeholfen haben das Familien-Outdoor-Abenteuer-Buch Bayern zu realisieren. Frau Klingan und Frau Kaufmann vom Bruckmann Verlag danke ich besonders für ihre Geduld mit mir. Auch bin ich allen dankbar, die professionelle Bilder zur Verfügung stellten oder in Interviews ihr Expertenwissen weitergeben. Ganz großer Dank geht an meine Familie. Ohne euch ist alles nichts.

Das Familien-Outdoor-Abenteuer-Buch ist eine große Bitte an alle Eltern: Unternehmt etwas mit euren Kindern. Verbringt Zeit mit ihnen in der Natur. Bastelt zusammen oder kocht miteinander. Viele Abenteuer liegen direkt vor der Haustür. Nachts mit Taschen- oder Stirnlampen unterwegs zu sein, ist ein Abenteuer. Diese gemeinsamen Erlebnisse sind das, woran sich die Kinder noch viele Jahre später erinnern. Den Kindern Zeit zu schenken und miteinander draußen unterwegs zu sein, das tut allen gut. Wer in seinem eigenen Kanu paddeln will, der muss die Komfortzone verlassen und sich auf das Abenteuer einlassen. In Bayern gibt es unglaublich viel zu entdecken.
Ich wünsche euch viel Spaß und tolle Erlebnisse.

Herzlichst
Euer Uli

Eine Wanderung zur Alpe Melköde ist für die Kinder ein Abenteuer.

Wissenswertes vorweg

Mit dem Kanu auf gemächlich dahinfließenden Flüssen paddeln, mit dem Fahrrad durch herrliche Landschaften radeln, zu Fuß in den Bergen wandern, mit den Kindern erste Erfahrungen am Klettersteig sammeln und in der freien Natur zelten – in Bayern kann man unzählige Outdoor-Abenteuer mit der ganzen Familie erleben. Wir haben das Familien-Abenteuer-Outdoor-Handbuch vollgepackt mit Infos zur richtigen Ausrüstung, mit Packlisten, Praxistipps von Outdoor-Experten, Übersichten über günstige Übernachtungsmöglichkeiten und kindgerechten Natur-Aktivitäten vom Schnitzen bis zu speziellen Outdoor-Rezepten.

50 abwechslungsreiche Touren, bei denen garantiert keine Langeweile aufkommt, stellen wir vor. Die Touren haben wir in fünf bayerische Regionen aufgeteilt und jeder Region Tipps zu einem typischen Outdoor-Abenteuer vorangestellt. Doch egal ob Pad-

Auf dem Wanderweg rund um Herrenchiemsee bietet sich der Blick auf die benachbarte Fraueninsel.

deln, Biken, Wandern, Zelten oder Klettern – in allen bayerischen Regionen ist (fast) jedes Outdoor-Abenteuer möglich.

Bayerischer Wald

»Da Woid is allweil schee!«, meint ein Einheimischer in dem für diese Region typischen Dialekt. Zu jeder Jahreszeit bin ich im Bayerischen Wald unterwegs gewesen. Egal ob mit Langlaufski, Schneeschuhen, Fahrrad oder Kanu – die Region an der Grenze zur Tschechischen Republik lässt bei Outdoor-Familien keine Wünsche offen. Im Gegenteil. Hier können Familien in den Urlaub fahren, ohne Angst um das Budget zu haben. Die Preise im Woid fürs Übernachten oder Essen sind immer noch moderat.

Im Röthelmoos haben die Familien wunderbare Gelegenheiten, einzukehren.

Es sind weniger die überregional bekannten Sehenswürdigkeiten, welche die Urlauber in den Osten von Bayern ziehen. Der Wald als Gesamtheit ist ein Abenteuer. Wo sonst können die Kin-

der Wölfe, Bären und andere Wildtiere beobachten, wenn nicht hier im Nationalpark Bayerischer Wald? Wer sich wie in Kanada fühlen will, muss in kein Flugzeug steigen und über den Atlantik fliegen. Auf dem Regen zu paddeln ist das pure Abenteuer. Wobei es »den« Regen gar nicht gibt. Der Große und der Kleine Regen fließen zusammen und sind dann der Schwarze Regen. Dieser wiederum trifft auf den Weißen Regen, und schon haben wir den Regen, der bei Regensburg in die Donau mündet. Eigentlich ganz einfach, oder? Vom Goldwaschen bis zum Mountainbiken bietet der Woid eine Menge Spaß für aktive Kinder.

Franken und Oberpfalz

In der Oberpfalz und in Franken gibt es viel Historisches, jede Menge Wassersport und familiengeeignete Radltouren. Ein Muss für alle Outdoor-Familien ist die Wanderung vom niederbayerischen Kelheim zum Kloster Weltenburg, das malerisch auf einer Halbinsel in der Donau liegt. Auf dem Weg dorthin kommt man an der Befreiungshalle, einem Keltenwall und Relikten aus der Römerzeit vorbei. Alle, die es beim Radfahren lieber gemütlicher haben, rollen durch das Altmühltal. Unterwegs gibt es urige Gasthäuser und bizarre Felsformationen. Ganz nah an majestätischen Greifvögeln sind die Kinder auf der Rosenburg bei Riedenburg. Der Besuch der Falknerei lässt sich mit einer Paddeltour oder Wanderung verbinden. Ein Klassiker im Altmühltal ist die Kanutor von Solnhofen nach Dollnstein, ideal für Familien, die das Paddeln ausprobieren wollen. Unterwegs gibt es viel von der Schönheit des Altmühltals zu sehen. Ein Abenteuer ist es für die Kinder auf dem fränkischen Amazonas, der Pegnitz, zu schippern. In dieser Frage sind sich die meisten Paddler einig: Diese Tour in der Hersbrucker Schweiz gehört zu den schönsten in ganz Deutschland. Im Hirschbachtal, es gehört zur Oberpfalz und liegt an der Grenze zu Franken, gibt es den Höhenglück- und den Noris-Klettersteig. Die Klettersteige in verschiedenen Schwierigkeitsgraden am Felsen lassen sich in Etappen klettern. Ein Wanderweg führt direkt an den Felsen vorbei. Der Steigerwald, auch die Anden von Franken genannt, macht seinem Namen alle Ehre: Mit Lamas an der Leine wandert die ganze Familie am Döbraberg. Im Ailsbachtal liegt auf einem Felsensporn die Burg Rabenstein. So stellen sich die Kinder eine mittelalterliche Festung vor. Eine Burgführung lohnt sich und anschließend geht es zu einer Flugvorführung mit Greifvögeln. Wie unterirdisch Franken sein kann, bekommt man nach einer kurzen Wanderung in der Sophienhöhle zu sehen. Einer der beliebtesten Radwanderwege in Deutschland ist der am Main. An Weinbergen und liebevollen Dörfern mit Fachwerkhäusern radeln wir ohne nennenswerte Steigungen am Fluss dahin. Wem der Mainradweg zu lang ist, der sucht sich eine attraktive Etappe aus und fährt diese mit der Familie. Wir empfehlen die Tagestour vom Staffelstein nach Bamberg. Eine Wanderung, die auch mit dem Kinderwagen, gute Armmuskeln vorausgesetzt, zu schaffen ist, führt auf den Staffelstein, den heiligen Berg der Franken! Alles, was Familien für Abenteuer draußen suchen, findet sich in Franken oder in der Oberpfalz.

Links: Im Wasseramselsteig lernen die Kinder einen Gebirgsbach hautnah kennen.

Mitte: Wildwasserschwimmen ist das pure Abenteuer.

Oberbayern

Wie weit geht eigentlich Oberbayern? Bis nach Eichstätt im Altmühltal. Oberbayern hat tatsächlich eine Grenze zu Mittelfranken. Wer die Einheimischen in der Residenzstadt Eichstätt reden hört, kommt allerdings kaum auf die Idee, dass es sich hier um Oberbayern handelt. Mit diesem Bezirk verbinden die meisten das Voralpenland mit seinen Seen, Bergen, Almen und München. In Oberbayern finden alle Familien, bei denen die Fernbedienung für den Fernseher noch nicht an den Händen eingewachsen ist, das passende Abenteuer. Wir verraten hier auch den ultimativen Geheimtipp für eine der bekanntesten Inseln in Oberbayern. Auch wenn es ein paar Hundert Kilometer bis zur Mittelmeerküste sind, hier zwischen Eichstätt und den Alpen gibt es traumhafte Seen mit Inseln, die den Vergleich nicht zu scheuen brauchen.

Allgäu

»Was Guets isch nie schleacht«, sagen die Allgäuer und haben damit Recht. Langeweile ist bei einem Urlaub im Allgäu unmöglich. Bei schlechtem Wetter lohnt es sich, die Berge von innen zu

Im Alpsee gibt es beim Planschen zwei Königsschlösser zu sehen.

erkunden. Das ist kein Problem, denn die Erzgruben Erlebniswelt am Grünten zeigt ganz unverfälscht, wie hart das Leben der Bergleute hier im ehemaligen Ruhrpott von Bayern gewesen ist. Für die Kinder gibt es bei den Erzgruben auch eine Wissensrallye. Ebenfalls am Grünten befindet sich der Wasseramselsteig. Ein Klettersteig im Wasser? Wie soll das gehen? Ganz einfach! Die Kinder haken sich, wie am Felsen, in ein Stahlseil ein und wandern mit Fischerhosen in einem Gebirgsbach. Außerdem erfahren die kleinen Forscher auf einem Erlebnispfad rund ums Wasser eine Menge über dieses wichtige Element. Wenn es eine spektakuläre Schlucht im Allgäu gibt, dann ist es die Breitachklamm. Welche Gewalt das Wasser entwickeln kann, ist hier zu sehen. Das Tolle an dieser Tour: Man kann zwischen verschiedenen Weglängen auswählen. Aus der ganzen Welt kommen die Besucher ins Allgäu. Leider weniger wegen des leckeren Käses, sondern wegen ihm: König Ludwig II von Bayern, auch als Mär-

Käse, Kühe und Kälber. Wunderschöne urige Almen erwarten die Familien in den bayerischen Bergen.

chenkönig bekannt. Bei Füssen ließ er das Schloss Neuschwanstein errichten. Wir präsentieren eine Wanderung, bei der es fast die ganze Zeit bergab geht und wir an ehemaligen Jagdhütten des Märchenkönigs vorbeikommen. Eine Badestelle, bei der es gleich zwei Königsschlösser zu sehen gibt, ist am Alpsee zu finden. Wandert man um ihn herum, hat man fernab vom Touristentrubel einen wunderbaren Ort, um mit den Kindern zu planschen. Dieses Seebad ist wirklich urgemütlich. Wem das Schwimmen im 25-Meter-Becken zu langweilig ist, der sollte mal Canyoning ausprobieren. Mit Helmen, Klettergurten und Neoprenanzügen ausgerüstet ist man im Wildwasser unterwegs. Davon gibt es im Allgäu reichlich. Wer das Wasser liebt, es aber weniger wild haben möchte, der paddelt um die Bodensee-Insel Reichenau. Sie ist UNESCO-Welterbe und für das leckere Gemüse bekannt. Alle, die es in den Bergen lieber gemütlicher angehen lassen oder kleine Kinder dabeihaben, sollten sich einen Berg aussuchen, auf den man hinaufgondeln kann. Wie sagen die Allgäuer: Was Guets isch nie schleacht.

Schwäbische Alb und Bayerisch-Schwaben

Ein Paradies für Outdoor-Familien ist die Schwäbische Alb. Der größte Teil dieses etwa 200 Kilometer langen Mittelgebirges liegt in Baden-Württemberg, während der Nordosten sich in Bayern befindet. An der Grenze zum Freistaat liegt der Ipf, ein markanter Berg, der es in sich hat. Die Kelten hatten diese Erhebung zu einer Festung ausgebaut. Am Fuß dieses Tafelbergs gibt es Nachbauten aus der keltischen Zeit. Auf dem schwäbischen Amazonas, der Lauter, sollte man unbedingt einmal paddeln. Felsen und Bäume wachsen dicht am Fluss. Da kommt sofort Abenteuerstimmung im Boot auf. Im Lautertal gibt es um die 20 Burgen, Ruinen und Schlösser. Auch das ist für die Kinder interessant. Voll mit Relikten aus der Geschichte ist die Schwäbische Alb. Hier verlief der rätische Limes. Wie diese Grenzanlage einmal ausgesehen hat, das erleben die Kinder bei Rainau. Kinder und Burgen, das passt immer. Ein wahres Schatzkästchen ist die Burg Katzenstein. Sie gehört zu den ältesten erhaltenen Stauferburgen in Süddeutschland. Beeindruckend ist der wuchtige Bergfried aus Granitquadern. Unterirdisch hat die Schwäbische Alb ebenfalls eine Menge zu bieten. Über 2000 Höhlen sind dort bekannt. In Wasseralfingen haben Menschen diese Unterwelt geschaffen. Über 300 Jahre, mit Unterbrechungen, bauten hier die Bergleute Eisenerz ab. Dem Himmel ein Stück näher fühlen sich alle, die beim Kloster Roggenburg wandern. Wir haben hier einen tollen Rundwanderweg mit Ökorallye für die Kinder entdeckt. Wer es ganz modern mag, der lädt sich die passende Lauschtour auf das Mobiltelefon. Eine Zeitreise von 15 Millionen Jahren zurück gefällig? Das geht völlig problemlos auf der Alb. Wir wandern mit den Kindern zum Heldenfinger Kliff, wo uns auch ein großer Spielplatz erwartet. Und das urzeitliche

Kliff ist wirklich sehenswert. Darin liegt der Reiz der Schwäbischen Alb und Bayerisch-Schwaben: Geschichtliches ist hier sehr eng beieinander und die Möglichkeiten an Outdoor-Aktivitäten sind äußerst vielfältig. Paradiesisch!

Gemeinsam geht's! Beim Paddeln müssen die Boote auch mal aus dem Wasser und alle helfen zusammen.

Rein ins Outdoor-Abenteuer

Die richtige Outdoor-Kleidung

Ein Familienunternehmen aus dem bayerischen Schwabmünchen ist Schöffel. Es ist bekannt für seine Skikollektion und stellt Outdoor-Kleidung auch für Kinder her. Wir wollten wissen, worauf ein Hersteller wie Schöffel achtet, wenn er eine Outdoor-Kinderkollektion erstellt. Lili Bitz, als Junior-Produktmanagerin bei der Schöffel Sportbekleidung GmbH, gab uns interessante Antworten.

Worauf sollten Eltern beim Kauf von Outdoor-Kleidung für die Kinder achten?

Lili Bitz: Auf elastische, pflegeleichte und robuste Materialien, getapte Nähte bei Jacken, hohe Wassersäule (10 000 mm) und die Möglichkeit, dass die Kleidung mitwächst, wie z. B. unsere Ski- und Outdoor-Hosen, deren Beine sich verlängern und daher länger tragen lassen.

Um Geld zu sparen, kaufen manche Eltern die Outdoor-Kleidung auf Second-Hand-Märkten oder die jüngeren Geschwister müssen die Kleidung der Älteren übernehmen, wenn diese herausgewachsen sind. Ist so was sinnvoll?

Wenn es gute Ware ist, warum nicht? Es ist grundsätzlich sinnvoll, Kindern qualitativ hochwertige Outdoor-Bekleidung zu kaufen, damit sie nicht nass werden und frieren. Wird diese Kleidung aber gut gepflegt, etwa regelmäßig nachimprägniert, kann sie auch »generationsübergreifend« getragen werden. Dennoch ist es so, dass auch bei hochwertiger Outdoor-Bekleidung nach jahrelangem Tragen und vielen Waschvorgängen bestimmte Eigenschaften nachlassen. Wird etwa die Membran porös, sind Wind- und Wasserdichtigkeit nicht mehr im vollen Umfang gegeben.

Was ist für aktive Kinder, die gerne Outdoor-Abenteuer unternehmen, besser: reine Naturfasern wie Merino und Baumwolle oder Mischgewebe?

Merinowolle ist feuchtigkeitsregulierend und atmungsaktiv. Darüber hinaus ist sie geruchsneutral und isolationsfähig, bietet hohen Tragekomfort, ist pflegeleicht, gibt einen natürlichen UV-Schutz, ist antistatisch, schwer entflammbar, knitterfrei und pillingarm, natürlich und nachhaltig. Baumwolle ist sehr widerstandsfähig und hautsympathisch. Bei hoher Transpiration kann die Baumwolle allerdings die entstandene Feuchtigkeit sehr stark aufnehmen und sich somit klamm und feucht anfühlen. Es kommt zu dem typischen »Klebeeffekt«. Die Dehnbarkeit ist nur mäßig. Durch die geringe Elastizität knittert Baumwolle stark und muss daher heiß gebügelt werden. Baumwollbekleidung ist einlaufgefährdeter als Kleidung aus Mischgewebe. Gefärbte Baumwollgewebe färben stark aus und verlieren damit schnell an guter Optik. Ein Mischgewebe wird aus mindestens zwei Faserarten (Natur und/oder Kunst) hergestellt. Ziel ist dabei die Kombination der positiven Eigenschaften der Ausgangsstoffe, um den besten Tragekomfort bei unterschiedlichen sportlichen Aktivitäten zu ermöglichen. Beispielsweise kann dabei Feuchtigkeit aufgenommen und gleichzeitig auch wieder nach außen abgegeben werden, sodass man immer ein trockenes Hautgefühl hat, was bei reiner Baumwolle nicht der Fall wäre.

UV-Filter in der Kinderkleidung, auch bei Schöffel, sind angesagt. Was bringt so ein UV-Filter wirklich?

Um Kinder vor schädlicher Sonneneinstrahlung zu schützen, werden unsere Bekleidungsstücke mit einem UV-Schutz ausgestattet. Gerade auf Wandertouren in höheren Gebirgslagen ist dieser unerlässlich und wichtig.

Wenn die Kinder draußen unterwegs sind, ist oft die Farbe der Kleidung nur noch schwer zu erkennen. Wie pflegen Eltern die Outdoor-Kleidung optimal?

Durch normale Reinigung in der Waschmaschine bei 30 Grad, ohne Weichspüler, mit Funktions- oder Feinwaschmittel.

Der passende Schuh

Meindl-Schuhe kennen die meisten Outdoorer. Auch bei Eltern haben die Schuhe aus Oberbayern einen guten Ruf, denn die Kinder brauchen robuste Modelle, die alle Abenteuer mitmachen. Wir haben Stefan Müller, den Meindl-Verkaufsleiter Deutschland, gefragt, worauf es bei einem guten Outdoor-Schuh ankommt.

Warum ist es besser, wenn die Kinder mit Bergschuhen wandern gehen, als mit Turnschuhen?

Stefan Müller: Auch Kinder müssen für die jeweiligen Aktivitäten mit den richtigen Schuhen ausgestattet werden. Ein Bergschuh gibt durch seine Gesamtkonstruktion den Kindern mehr Halt und auch mehr Sicherheit. Sehr wichtig ist hier die Sohlenkonstruktion, welche für die Griffigkeit und die Führung des Fußes verantwortlich ist.

Woran erkennen die Eltern hochwertige Bergschuhe für die Kinder?

Bei unseren Kinderschuhen achten wir immer auf folgende Punkte:

- herausnehmbares Fußbett für eine optimale Anpassung
- weich gepolsterte Abschlüsse für komfortablen, aber sicheren Halt
- spezieller Kinderleisten, der viel Platz für Zehen garantiert
- griffiges Profil für Halt und Sicherheit
- Stoßschutz, der auch stärkster Beanspruchung standhält
- eine Hinterkappe für gute Fußführung

Wir kombinieren die oben genannten Punkte mit hochwertigen und robusten Materialien. Das Ergebnis sind hochwertige, kindgerechte Wander- oder Bergschuhe.

Ein Problem für viele Eltern ist es, die richtige Größe für die Kinderschuhe zu finden. Was empfiehlst Du?

Der beste Kinderschuh ist nichts, wenn er in der falschen Größe gekauft oder getragen wird. Damit der Schuh auch wirklich passt, hat Meindl das Best-Fit-Fußbett entwickelt. Dieses ist in allen Meindl-Kinderschuhen zu finden. Die eingezeichnete Best-Fit-Linie auf dem herausnehmbaren Fußbett ermöglicht eine sehr leichte Kontrolle, ob der Schuh auch wirklich passt. Also Fußbett raus und das Kind draufstellen lassen. Die Ferse liegt hinten am Fußbett an. Jetzt kann man durch die Linien, die vorne am Fußbett aufgebracht sind, schauen, ob es die richtige Größe ist.

Welche Gründe sprechen dafür, dass die Eltern Kinderschuhe mit Membranen kaufen?

Kinder lieben Abenteuer, erleben vieles spielerisch. Sie hüpfen in Pfützen, durchqueren einen niedrigen Bach, laufen und tollen herum. Schuhe mit Membran bieten hier einen guten Schutz vor Nässe und halten die Füße trocken.

Wann sollten die Eltern Halbschuhe, Mid Cut oder klassische Stiefel für die Kinder kaufen?

Auch das ist abhängig davon, was mit den Schuhen unternommen werden soll. Für den Alltag ist sicherlich ein Halbschuh eine gute Wahl. Für Ausflüge und Wanderungen sind dann Mid-Cut-Modelle/Stiefel zu empfehlen. Grundsätzlich sollten sich die Eltern vor dem

Kauf Gedanken machen, für welchen Zweck ihre Kinder Schuhe brauchen, und sich dann im Fachhandel beraten lassen.

Wie sieht die optimale Pflege von Kinderwanderschuhen aus?

Die Schuhe sollten regelmäßig gereinigt und mit Pflegemitteln behandelt werden. Hierbei ist kein Unterschied zu Schuhen für Erwachsene zu machen. Eine Pflegeanleitung finden Sie auf www.meindl.de.

Schnitzen ist fast immer möglich

Eine engagierte Frau bringt Erwachsenen und Kindern das Schnitzen bei. Die Schnitz-Queen in Deutschland heißt Astrid Schulte. Sie leitet regelmäßig Kurse zum Thema Schnitzen und hat das wunderbare Buch »Meine Schnitzwerkstatt« herausgebracht. Welche Tipps und Ideen sie hat, verrät sie in diesem Interview.

Wie viele Kinder haben sich bei Deinen Kursen schon Gliedmaßen oder Köpfe unabsichtlich selbst amputiert?

Astrid Schulte: (lacht!) Die »schlimmsten« Verletzungen, die ich bisher bei den über 1000 Kindern, denen ich das Schnitzen mit Grünholz beigebracht habe, erlebte, waren kleine Schnittwunden an den Fingern der »haltenden« Hand, also an der Hand, die das Grünholz hält. Ich schätze, dass sich von rund 1000 Kindern 25 in den Finger geschnitten haben. Man kann vorbeugen und einen Handschuh anziehen, oder ein Pflaster schon vor dem Schnitzen anlegen, das wirkt wie ein Fingerschutz. Wer sich mit dem Taschenmesser schneidet, lernt vorsichtig und respektvoll mit dem Werkzeug umzugehen.

Ein Grund, warum etliche Kinder kein Taschenmesser haben und nicht schnitzen dürfen, ist die Angst der Eltern vor Verletzungen. Ist diese Angst gerechtfertigt?

Schnitzen lernen ist nichts anderes als Schwimmen oder Radeln lernen. Klar kann ich das nicht sofort und ohne Anleitung und Hilfe. Sind die wenigen Regeln und die Technik einmal gelernt, geht s wie von selbst. In meinen Kursen frage ich immer, welches Kind schon mal vom Rad gefallen ist: Da heben ALLE den Arm. Kein Kind legt das Rad beiseite, sondern fährt weiter. Beim Schnitzen ist das ähnlich.

Welche Regeln sollten Kinder und Erwachsene beim Schnitzen unbedingt beachten?

Sechs Regeln sind wichtig, zum Beispiel: Wir laufen nicht mit geöffnetem Messer herum, der Abstand zum Schnitznachbarn beträgt eine Armlänge, das Messer muss scharf sein. Eltern geben Kindern häufig stumpfe Messer mit, damit sie sich nicht schneiden. Das ist fatal, weil gerade bei stumpfen Messern viel mehr Kraft aufgewendet werden muss als bei scharfen. Wer dann abrutscht, verletzt sich schlimmer. Außerdem macht das Schnitzen mit scharfem Messer viel mehr Spaß, weil das Messer bei der seitlichen Ziehbewegung ganz leicht durch das Holz gleitet.

Mit welchem Alter dürfen die Kinder mit dem Schnitzen beginnen?

Für das Schnitzen gibt's keine Altersvorgabe. Es hat vor allem etwas mit den motorischen Fähigkeiten des Kindes zu tun. Ich habe schon mit Kindern geschnitzt, die gerade vier geworden sind. Die waren es über den Waldkindergarten gewöhnt, Holz zu halten und damit zu arbeiten. Da ist auch das Schnitzen mit dem Messer kein Problem. Leider erlebe ich oft Kinder, die 11 Jahre alt sind und weder Knoten machen noch das Messer richtig umgreifen können. Optimal ist also, so früh wie möglich Kinder an den Umgang mit dem Messer heranzuführen. Das kann man schon in der eigenen Küche üben und Kinder – z. B. mit dem Schälmesser – Gemüse schnippeln lassen.

Was sind deine schönsten Schnitzerlebnisse mit Kindern und Erwachsenen?

»Mama, wir müssen morgen in den Wald, ich brauche Stöcke!« Wenn Kinder nach einem Schnitzkurs so reagieren, weiß ich, ich habe alles richtig gemacht. Kinder sind sehr ehrlich! Wenn sie mit mir schnitzen und die verschiedenen Schnitzobjekte sehen, kommen sie aus dem Staunen nicht heraus und wollen gleich selbst Hand ans Messer legen. Kinder rufen spontan Sätze wie diese aus: »Boah, das kann man alles selber schnitzen?« oder »Das ist alles aus Stöcken?«. Mit seiner Aussage berührt hat mich auch ein 70-jähriger Opa, der mit seinen beiden Enkeln beim Schnitzkurs mitgemacht hat: »Danke, Astrid, dass es Menschen wie dich gibt, die dieses Wissen an die Kinder weitergeben. Ohne dich würde das Schnitzen von Flöten, Spielen, Gebrauchsgegenständen irgendwann vergessen werden. Jetzt weiß ich wieder, wie es geht, und gebe es an meine Enkel weiter.«

Wir schnitzen einen Hirsch

Schnitzen bietet den Kindern die Möglichkeit, nahezu überall kreativ zu sein. Oft lassen sich die Kinder von kürzlich Erlebtem inspirieren. Während des Besuches im Tierpark Lohberg kam die Idee auf, einen Hirsch zu schnitzen. Also raus mit dem Taschenmesser, Holz gesucht und schon schnitzen wir los.
König des Waldes, so nennen Erwachsene den Hirsch. In der freien Natur bekommt man eher selten einen Hirsch zu sehen, zum Glück gibt es die Wildparks, da sieht man die Zwölfender stolz dahinmarschieren und hört sie im Herbst röhren. Um einen Hirsch mit dem Taschenmesser zu schnitzen, brauchen wir nichts weiter als ein etwa zehn Zentimeter langes Aststück, das so dick wie ein Daumen ist,

dazu Zweige, aus denen wir die Beine und das Geweih vom Hirsch schnitzen. Wichtig ist zum Werken auch das Taschenmesser, das möglichst eine Ahle (Stechdorn) haben sollte.

Hirsch geht's lang: Schnitzen ist bei den Kindern immer beliebt.

Zuerst schnitzen wir mit dem Taschenmesser ein Drittel der Rinde weg. Von beiden Seiten schnitzen wir nochmals den Ast links und rechts zu. Nun runden wir mit dem Taschenmesser das andere Ende vom Ast ab. Mit der Ahle bohren wir vier Löcher auf die Unterseite des Aststücks. Später stecken wir dort die »Beine« des Hirschs ein. Wir bohren am Kopf des Hirschen zwei Löcher mit der Ahle für das Geweih hinein. Mit der kleinen Klinge schneiden wir aus dem dünnen Zweig vier gleich lange Stücke ab und spitzen diese an jeweils einem Ende an. Nun stecken wir die Beine in den Bauch des Hirschen. Die beiden verzweigten Äste stecken wir nun den Hirschen in die gebohrten Löcher am Kopf. Fertig ist dieses wundervolle Tier!

Der Teufelstisch bei Bischofsmais
eignet sich mit dem schönen
Ausblick hervorragend für eine
kleine Verschnaufpause.

Bayerischer Wald

Unterwegs im bayerischen Kanada

Outdoor-Abenteuer Paddeln

Packliste für den Urlaub mit dem Kanu

Eine Packliste für den Urlaub hilft Familien immer, schließlich muss eine ganze Menge eingepackt sein. Wenn am Urlaubsort was fehlt, lässt es sich meistens irgendwo kaufen. Doch was ist, wenn die Familie mit dem Kanu unterwegs ist? Selbst an den Flüssen in Deutschland sind die Supermärkte, zum Glück, dünn gesät. Wir haben hier eine Packliste für den Urlaub mit dem Kanu erstellt.

- Schwimmwesten (die tragen alle, auch die Eltern! Bitte darauf achten, dass die Gewichtsangabe der Weste und der Paddler zusammenpassen)
- Wasserdichte Packsäcke (die gibt es beispielsweise von Ortlieb)
- Ersatzpaddel (vom Kanuverleiher)
- Auftriebskörper (bekommt man ebenfalls vom Kanuverleiher; wenn nicht, dann sucht man sich besser einen anderen!)
- Sonnencreme (auf dem Wasser wirkt die Sonneneinstrahlung um einiges stärker)
- Sonnenbrille
- Mütze oder Sonnenhut
- Trinken
- Essen
- Erste-Hilfe-Set
- Flussführer
- Flusskarte
- Wechselwäsche
- Badekleidung
- Spielsachen für die Kinder (z. B. Lupenbecher, mit denen sie das Wasser oder Pflanzen untersuchen können)

Gut behütet auf dem Fluss unterwegs. Wer paddelt, sollte bei den Kindern und sich für den nötigen Sonnenschutz sorgen.

- Handy und Fotokamera wasserdicht einpacken
- Taschenmesser
- Eventuell Bootswagen, wenn längere Strecken umgesetzt werden müssen (gibt es vom Kanuverleiher)

Viel Spaß auf dem Wasser!

Paddeltipps vom Weltmeister!

Ein Mann, ein Boot. Der Name von Toni Prijon steht auf unzähligen Kanus und Kajaks, die auf allen Gewässern der Welt unterwegs sind. Seine Eltern gründeten 1962 das Unternehmen in Rosenheim und noch immer fertigt Prijon alle HTP-Kajaks und diverse Zubehör-Artikel in der oberbayerischen Stadt. Außergewöhnlich ist auch, dass Vater und Sohn einmal den Weltmeistertitel im Wildwasserrennsport gewannen (Anton Prijon 1959 und Toni Prijon 1987).

Wann sollten Kinder im Kanu oder Kajak fahren?

Toni Prijon: Ab sechs Jahren frühestens. Die Kinder sollten schwimmen können und entsprechend Kraft haben, sonst macht es ihnen keinen Spaß, auf dem Wasser unterwegs zu sein. Wichtig ist, dass die Eltern die Kinder in keine zu großen Boote setzen. Oft sehe ich, wie sich Kinder in ausrangierten Erwachsenenkajaks abmühen müssen. Das ist der falsche Weg. Die Kinder lernen das Paddeln dadurch nicht richtig und haben keinen Spaß bei dem Wassersport. Daher ist es wichtig, Kinder in spezielle Kinderkajaks zu setzen.

Woran erkennen Eltern einen guten Kanuverleiher?

Wer Mitglied im Bundesverband Kanu ist, wurde vom Verband zertifiziert. Hierfür muss er bestimmte Qualitätskriterien erfüllen. Andererseits soll dies nicht heißen, dass es sich bei denjenigen, die diese Zertifizierung nicht haben, automatisch um schlechte Kanuverleiher handelt. Immer mehr Verleiher und Kanuschulen haben jedoch die Zertifizierung. Auch an der Qualität der Boote, Schwimmwesten und Paddel lässt sich erkennen, wie gut ein Verleiher ist. Und natürlich gehört auch eine Einweisung zum Muss im Verleihgeschäft.

Kanada? Nein, Bayern! Im Freistaat gibt es etliche Flüsse und Seen, die perfekt zum Paddeln mit der Familie sind.

Worauf sollten Eltern bei einem Tagesausflug mit den Kindern im Kajak besonders achten?

Eine Tour mit Kindern sollte nicht länger als vier Stunden dauern, sonst meutert die Mannschaft. Schließlich wollen die Kleinen nicht den ganzen Tag im Boot sitzen, was ich auch verstehen kann. Wichtig ist, Pausen einzulegen und für Abwechslung zu sorgen. Den Kindern bereitet es z. B. große Freude zu angeln. An einem Stock eine Schnur zu befestigen. Diese Angel können die Kinder ins Wasser halten und haben garantiert ihre Freude daran – natürlich nur mit entsprechender Erlaubnis … Das Baden gehört zu einer Kanutour ebenfalls dazu.

1 Rauf auf den Haidel

Ein Geisterdorf im Bayerischen Wald

leicht	6 km	150 m	1.30 Std.

Alter
Ab 6 Jahren

Tourencharakter
Einfache Bergwanderung

Anfahrt
Auf der A 3 Richtung Passau bis zur Ausfahrt Aicha vorm Wald; dort in Richtung Freyung auf der B 12; von Philippsreut weiter bis nach Bischofsreut

Ausgangs-/Endpunkt
Bischofsreut, Parkplatz bei der Kirche

GPS-Daten
48.853170, 13.733586

Einkehr
Landgasthof Zum Matthiasl, Unteres Dorf 10, 94145 Bischofsreut

Karte
Topographische Karte 1:25 000, Blatt 7148 Bischofsreut

Information
Tourist-Info Haidmühle, Schulstr. 39, 94145 Haidmühle, Tel. 08556/194 33, www.haidmuehle.de

Ob mit Schneeschuhen oder Wanderstiefeln, diese Tour ist das ganze Jahr über empfehlenswert. Auf dem Gipfel des Haidel steht ein Aussichtsturm, von dem aus sich ein unvergleichliches Panorama über das Dreiländereck bietet. Außerdem führt der Weg durch das Geisterdorf Leopoldsreut.

Immer wieder hört man Geschichten über ein verlassenes Dorf im Bayerischen Wald. Manche wissen nichts Genaues über diesen seltsamen Ort, doch es gibt ihn tatsächlich. Das Geisterdorf Leopoldsreut liegt auf dem Weg hinauf zum Haidel. Auf den ersten Blick erscheint der 1166 Meter hohe Berg nicht gerade als lohnendes Ziel. Doch die Fernsicht über das Baummeer des Bayerischen Waldes und des Böhmerwaldes beeindruckt Wanderer immer wieder.

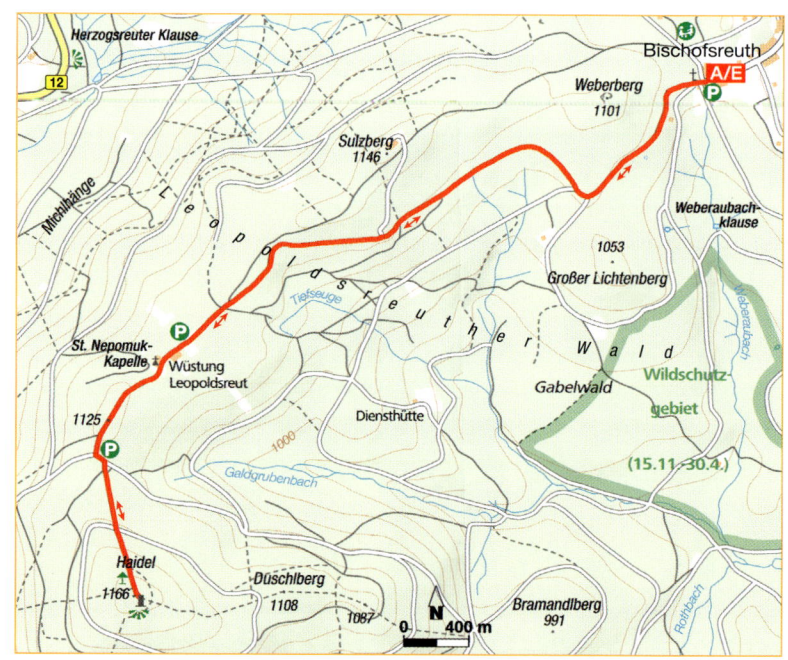

Los geht die Tour in Bischofsreut. Dort stellen wir das Auto an der Nepomuk-Kapelle ab. Dem markierten Wanderweg mit der Nummer 6 folgen wir bergauf. Wer möchte, kann unterwegs einen kleinen Abstecher auf den Sulzberg unternehmen. Dieser ist 1146 Meter hoch und dort befindet sich eine Messstation für Erdbeben. Weiter geht es auf einer Forststraße Richtung Leopoldsreut. Bald ist der Parkplatz erreicht und es sind nur noch zehn bis 15 Minuten zum verlassenen Dorf. Zu sehen sind nur noch die Kirche und die Schule, die anderen 33 Gebäude wurden abgerissen, von manchen ist noch der Keller da. Die Schule war lange Zeit die höchstgelegene in Deutschland. Weil die wirtschaftliche Lage für die Bewohner schwer war und sowohl Strom- als auch Wasserleitungen fehlten, zogen die 150 Dörfler für immer aus Leopoldsreut weg. Auf den Infotafeln sind alte Fotografien des ehemaligen Dorfes zu sehen.

Nun sind es noch fünfzehn bis zwanzig Minuten bis zum Aussichtsturm. Einem Zufall ist es zu verdanken, dass es dieses

Was für ein Ausblick über den Woid! Zuerst geht es durch das Geisterdorf Leopoldsreut und dann auf den Aussichtsturm auf dem Haidel.

27

30 Meter hohe Bauwerk gibt. Ein Sturm entwurzelte 1925 viele Bäume am Gipfel des Haidel. Als die Forstleute und Waldarbeiter dort ankamen, um die Sturmschäden zu beseitigen, hatten sie einen Ausblick, der sich ihnen zuvor noch nie geboten hatte. Aus der Not machten die Waidler eine Tugend und bereits 1928 stand der erste Aussichtsturm. Er war nur halb so hoch wie der heu-

Gute Karten! Wer auf den Haidel steigt, folgt einem gut beschilderten Weg.

Rechte Seite: Wolf kommt ihr denn her? Im Tierfreigehege bekommen die Kinder die wilden Bewohner des Bayerischen Waldes zu sehen.

tige. Hinaufzusteigen lohnt sich in jedem Fall. Der Blick geht weit über das Dreiländereck. Der große österreichische Dichter Adalbert Stifter schrieb in seiner Erzählung »Der Hochwald«: »… Dann wende den Blick auch nordwärts; da ruhen die breiten Waldesrücken und steigen lieblich schwarzblau dämmernd ab gegen den Silberblick der Moldau; westlich blauet Forst an Forst in angenehmer Färbung, und manche zarte, schöne, blaue Rauchsäule steigt fern aus ihm zu dem heitern Himmel auf. Es wohnet unsäglich viel Liebes und Wehmütiges in diesem Anblicke.« Auch wenn Adalbert Stifter nie auf dem Haidel gestanden ist, sein Zitat trifft den Ausblick von diesem Turm genau. Vom Gipfel geht es auf dem Anstiegsweg zurück nach Bischofsreut. Wer nach dieser Tour ins Wirtshaus geht, hört sie vielleicht wieder – die Geschichten über ein verlassenes Dorf im Bayerischen Wald.

Tierfreigehege beim Hans-Eisenmann-Haus

2

Aug in Aug mit Luchs und Wolf

Ein Teil des Bayerischen Waldes ist Nationalpark. Viele bedrohte Tierarten und seltene Pflanzen haben dort ihren Rückzugsraum. Doch leider bekommen Familien beim Wandern durch den Nationalpark selten eines der scheuen Tiere zu sehen. Anders ist es beim Rundweg am Hans-Eisenmann-Haus. Hier lassen sich die einheimischen Tiere beobachten.

Am Nationalparkzentrum Lusen geht der Rundweg los. GPS-Gerät oder Trekkingstöcke braucht niemand, was man aber unbedingt im Rucksack haben sollte, ist ein Fernglas. Denn manche der Tiere halten sich in den Gehegen gerne dezent im Hintergrund. Wir folgen immer den Schildern mit Wolf, Hirsch und Luchs und kommen zuerst zum Luchsgehege. Zu Recht hat die größte Raubkatze Deutschlands den Ruf, mit dem Faulbären indirekt verwandt zu sein. Ist es sonnig, lümmeln die Pinselohr-

| leicht | 7 km | 75 m | 3 Std. |

Alter
Ab 2 Jahren

Tourencharakter
Leichter Rundweg

Anfahrt
Auf der A 3 bis Passau, von dort auf der B 12 bis Freyung und hier auf der B 533 nach Hohenau und dann rechts zum Nationalparkzentrum bei Neuschönau fahren

Ausgangs-/Endpunkt
Neuschönau, kostenloser Parkplatz in der Böhmstraße 37

GPS-Daten
48.891922, 13.489645

Öffnungszeiten
Ganzjährig geöffnet

Preise
Eintritt frei

Einkehr
Waldwirtschaft, Böhmstraße 37, 94556 Neuschönau; Café Eisenmann, Böhmstraße 35, 94556 Neuschönau

Karte
Fritsch Wanderkarte 1:35 000, Nationalpark Bayerischer Wald

Information
Tourist-Info Neuschönau, Tel. 08558/96 03 28, www.neuschoenau.de

katzen in den Bäumen herum. Es gibt viel zu tun, lassen wir es ruh'n, scheint das Lebensmotto der Luchse zu sein. Gemütlich streunen sie durch das Gehege und zeigen den Besuchern, wie es sich ganz entspannt ohne Yoga und Personal Trainer leben lässt. Nach den Luchsen kommt die Voliere mit den Uhus. Manche

Links: Im Tierfreigehege gibt es auch Nachtvögel zu sehen.

Rechts: Besonders die Wildschweine sind bei den Kindern beliebt.

Kinder stehen staunend davor und wundern sich, wie groß diese Vögel sein können. Es folgt nach kurzer Wanderung, bei der die Kinder unhaltbar vorauslaufen, das Wolfsgehege. Für die kleinen und großen Wanderer ist es wichtig zu erfahren, was für empfindliche und besondere Tiere die Wölfe sind. Seit bald 150 Jahren gibt es keine frei lebenden Wölfe mehr im Bayerischen Wald. Gnadenlos mussten sie sich jagen lassen. Wer nach diesem Besuch immer noch vom bösen Wolf spricht, dem ist nur schwer zu helfen. Einige Erwachsene wundern sich, denn der Wolf ist doch mehr, als nur ein etwas größerer Schäferhund. Mit etwas Glück bekommt man beim nächsten Gehege einen Elch zu sehen, der lebte auch einmal in den Wäldern Deutschlands. Weiter geht es zu den Wildkatzen und anschließend zu den Wildschweinen. Dort haben die Kinder einen saumäßigen Spaß, wenn sie die Schwarzkittel beobachten. Um jeden Bissen streiten sich die

Wildschweine, schubsen sich gegenseitig weg und dazwischen purzeln unbeholfen die Frischlinge herum. Bald ist die Hälfte des etwa sieben Kilometer langen Wanderwegs erreicht. Die Fischotter lieben es diskret und zeigen sich den Besuchern eher selten. Wer früh loswandert, hat höhere Chancen, diese putzigen Kerlchen zu sehen. Fischotter leben auch wild im Bayerischen Wald, sind aber extrem empfindlich, was die Wasserqualität angeht. Nach den Ottern kommen die Rothirsche. Mit majestätischen Schritten stolzieren sie herum. Im Herbst bekommt man dort auch das Röhren zu hören. Die Kinder haben es eilig und schon bald stehen wir vor der Voliere mit den Käuzchen. Doch was dann folgt, ist für die Kinder kaum zu überbieten: die Bären! Bei diesen behäbigen Pelztieren ist immer für Unterhaltung gesorgt. Mal kugeln sie sich mit einem Baumstamm rum, dann klettern sie auf Bäume oder ärgern sich gegenseitig. Die Kinder sehen fasziniert zu. Weiter geht es auf unserem Weg. Die Greifvögel beeindrucken die kleinen Besucher mit ihren Schnäbeln und Krallen. Auf dem Rückweg kommen wir wieder bei den Elchen vorbei. »Den kenn ich vom Ikea!«, verkündet ein Kind stolz. Und schon geht es zum nächsten Gehege. Manchem Autofahrer vergeht davor das Lachen: Marder! »So einer hat mir den Kühlerschlauch angefressen. Darüber hat sich die Werkstatt gut gefreut!«, kommentiert ein Vater die Marder und sieht sie dabei an, als ob die Tiere im Gehege ihm den Schaden zugefügt hätten. Nur wenige Meter weiter kommt ein tierischer Bewohner, der auch einiges auf dem Kerbholz hat: der Biber. In manchen städtischen Parkanlagen und Flussauen haben diese Nager ordentlich aufgeräumt. Doch hier am Schleifbachl gibt es kein Experten-Hearing, hier staut der Biber genüsslich auf, fällt Bäume und genießt den Tag. Bei den beiden letzten Volieren, sie liegen gegenüber, haben die Kinder nur ein Problem: Wo soll man zuerst stehen bleiben? In der einen sind Kolkraben, in der anderen Hasel- und Auerhühner. Im Nationalpark Bayerischer Wald leben diese seltenen Vögel frei. Trotz vieler Schutzmaßnahmen hat sich der Bestand leider nicht erholt und der Auerhahn bleibt eine Tierart, die vom Aussterben bedroht ist. Dieser stolze Vogel ist auch das Wappentier des Nationalparks Bayerischer Wald. Zurück im Nationalparkzentrum Lusen bietet sich für alle, die immer noch nicht müde sind, ein Besuch im Hans-Eisenmann-Haus an oder die Erkundung des Baumwipfelpfads, der sich dort befindet.

3 Freilichtmuseum Finsterau

Früher leben miterleben

leicht — — —

Alter
Ab 2 Jahren

Tourencharakter
Gemütlicher Rundweg

Anfahrt
Auf der A 3 bis Passau, dann weiter auf der B 12 nach Hutthurm, Freyung und Mauth bis Finsterau

Ausgangs-/Endpunkt
Parkplatz am Freilichtmuseum Finsterau

GPS-Daten
48.8919219, 13.562831

Öffnungszeiten
25. Dezember bis April 11–16 Uhr, Mai bis September 9–18 Uhr, Oktober 9–17 Uhr

Preise
Erwachsene 5 €, mit Kurkarte 4,50 €, Kinder ab 6 Jahren 3 €, Familientageskarte 11 €, Jahreskarte 18 €, Familienjahreskarte 24 €, ermäßigte Jahreskarte 8 €, ermäßigter Eintritt bei Kirchweih 4 €, Führung (nach Anmeldung) 32 €

Einkehr
Die Radizierte Tafernwirtschaft D'Ehrn, Café Heimat, Museumsstr. 51, 94151 Finsterau, Tel. 08557/377

Information
Freilichtmuseum Finsterau, Museumsstraße 51, 94151 Finsterau, Tel. 08557/960 60

Museen können so langweilig sein. Überall lauern finster dreinblickende Aufseher und rufen die Kinder sofort zur Ruhe. Ganz anders geht es im Freilichtmuseum Finsterau zu. Hier ist Mitmachen angesagt und es ist sogar möglich im Museum zu übernachten.

In einem Museum herrscht meistens Ruhe. Da fallen Familien unglaublich schnell negativ auf. Die Mutter schämt sich für die Kinder, der Vater ärgert sich, dass er den Eintritt gezahlt hat. Doch es gibt auch Museen, da ist es erwünscht, wenn die Besucher mit anpacken. Um alte Höfe aus dem Bayerischen Wald für spätere Generationen zu erhalten, bauen Experten diese historischen Bauwerke auf dem Gelände des Freilichtmuseums Finsterau wieder auf. Doch ohne Tiere ist eine Ausstellung über das Leben der Bauern im Bayerischen Wald langweilig. Deshalb gibt

es im Museum Esel, Schafe, Ziegen, Hühner und Bienen. Die Kinder sind von den Tieren begeistert. Zeitreisen unternehmen die kleinen Besucher bei der Schatzsuche im Sachl. Eine Museumsbegleiterin erklärt den Kindern, wie der Tagesablauf auf einem Bauernhof ausgesehen hat. Die Kinder lösen verschiedene Aufgaben und lernen Spiele aus der Zeit der Urgroßeltern, etwa das Reifentreiben. Die kleinen Entdecker erfahren auch, dass jeder Hof und jedes Dorf sich selbst versorgt hat. Zu den Zeiten der Urgroßeltern gab es noch keine Supermärkte, deshalb mussten sich die Menschen auf den Bauernhöfen auch das Brot selbst backen. Das können die Kinder im Freilichtmuseum ausprobieren. Richtig heiß geht es in der über 200 Jahre alten Schmiede zu.

Hier bekommen die Kinder gezeigt, wie ein glühendes Stück Eisen unter den Hammerschlägen langsam seine spätere Form annimmt. Doch zuschauen finden die Kinder weniger prickelnd, und so dürfen sie selbst einen Anhänger schmieden. Wo kommt die Butter her? »Aus dem Kühlregal im Supermarkt!«, geben viele Kinder zur Antwort. Doch wie entsteht aus der flüssigen weißen Milch die feste goldgelbe Butter? Die Museumspädagogen zeigen den Kindern den langen Weg vom Melken der Kühe bis zur fertigen Butter. Auch größere Kinder langweilen sich im Freilichtmuseum Finsterau auf keinen Fall. Für sie gibt es Geocaching, die elektronische Form der Schnitzeljagd. Zuerst erklären Museumsmitarbeiter, wie das GPS-Gerät funktioniert. Gemeinsam suchen und finden sie mit den Kindern die erste Station, dann ziehen die Kinder selbst los. Sie lösen unterwegs Rätsel, um am Ende einen Schatz zu finden. Wer in ein Museum will, in dem Ruhe herrscht, der geht besser woanders hin.

Leben wie zu Zeiten der Urgroßeltern. Kein Mobiltelefon, kein Internet, dafür viel Zeit zum Spielen. Das alles lässt sich im Freilichtmuseum Finsterau erleben.

Linke Seite: Museen sind langweilig? Stimmt nicht. Das Freilichtmuseum in Finsterau lädt die Kinder zum Mitmachen ein.

4 Mit dem Kanu im Regen
Auf dem Amazonas des Bayerischen Waldes

leicht   107,2 km   51 m   5 Tage

Alter
Ab 8 Jahren (wenn die Kinder
sicher schwimmen können)

Tourencharakter
Leichte Flusswanderung

Anfahrt
Auf der A 3 bis zur Ausfahrt
Steinach, weiter auf die B 20
und ihr bis kurz vor Cham
folgen; dort auf die B 85
wechseln und Richtung Miltach
fahren; dann auf die St 2140
bis zum Blaibacher Stausee

Ausgangspunkt
Blaibacher Stausee

Endpunkt
Regensburg

GPS-Daten
49.155, 12.835

Preise
Je nach Kanuvermieter

Einkehr
Zahlreiche Möglichkeiten
unterwegs am Regen

Karte
DKV-Gewässerführer für
Bayern

Information
Tourismusverband Ostbayern
e.V., Im Gewerbepark D
02/04, 93059 Regensburg

Warum nach Kanada fliegen, wenn es den Regen gibt? So heißt der größte Fluss im Bayerischen Wald. Bei Pulling beginnt der Regentalwanderweg für Kanus, mit angelegten Zeltplätzen, die jeweils eine Tagesetappe voneinander entfernt liegen.

»Gibt es hier auch Bären?«, will ein Kind wissen. Das Mädchen paddelt mit seinem Vater auf dem Regen und fühlt sich wie ein Indianer. Seit über zwei Stunden haben die beiden keine anderen Menschen gesehen. Dafür Eisvögel, die über das Wasser flatterten. Gemütlich schippern sie dahin, doch der Regen kann sich auch von einer anderen Seite zeigen, etwa am Gumpenrieder Schwall oder am Bärenloch. Hier kann das Wildwasser Schwierigkeitsklasse III erreichen. Das ist jedoch abhängig vom Wasserstand. Wer diese Stellen passieren will, ohne eine unfreiwillige halbe Eskimorolle einzulegen, der muss sein Kanu beherrschen. An dieser Engstelle liegen Granitblöcke unter Wasser oder ragen aus dem Regen. Deshalb ist es wichtig sich hier mittig zu halten. Alle, denen diese Passage zu abenteuerlich ist, umtragen die Stelle. Auch an anderen Stellen muss am Regen das Kanu immer wieder aus dem Wasser, weil Wehre die Weiterfahrt versperren. Meistens sind die Boote nur wenige Meter über Land zu bringen, doch es gibt auch längere Passagen, an denen ein Bootswagen ganz hilfreich ist. Der Regentalwanderweg ist in fünf Tagesetappen unterteilt. Am Blaibacher Stausee startet die erste Teilstrecke bis nach Cham. 22 Kilometer ist sie lang und führt in langen Schleifen durch die Cham-Further Senke. Am Ortsrand von Cham befindet sich der Kanuclub Graf Luckner, der einen Zeltplatz betreibt. Hier lässt sich für wenig Geld gut übernachten. Die sanitären Anlagen sind sauber und in Ordnung. Vom Zeltplatz aus ist die Stadtmitte auch zu Fuß schnell erreicht. Am nächsten Tag führt die zweite Etappe nach Roding. Unterwegs gibt es Wallfahrtskirchen und Burgen zu sehen. Die Oberpfalz gehört zu den burgenreichsten Regionen in Europa. In Roding

angekommen findet man den öffentlichen Zeltplatz im Stadt-
park, der als Halbinsel in den Regen hineinragt. Die dritte
Etappe führt nach Nittenau. Die Kleinstadt ist bekannt als Vene-
dig der Oberpfalz, da sie von Kanälen durchzogen ist. Auf dem
Weg nach Nittenau paddeln wir an dem imposanten Kloster Rei-
chenbach vorbei. 23,5 Kilometer sind es von Roding bis Nittenau. Das nächste Etappenziel ist Ramspau mit seinem idyllischen Schloss. 19,5 Kilometer sind es bis dorthin. Unterwegs
passieren die Paddler Hof am Regen. In diesem beschaulichen
Dorf befindet sich eine Burgruine, die auf das Jahr 1150 zurückgeht. Kurz darauf folgt auf der gleichen Flussseite Stefling mit
seinem Schloss. Auf dem Weg dorthin paddeln wir am nörd-
lichsten Punkt des Regen vorbei: Marienthal. Links liegt das beliebte Ausflugslokal, das seit 1856 besteht, auf der anderen Flussseite befindet sich auf einer Anhöhe die Burgruine Stockenfels.
Eine Fähre schippert von Marienthal hinüber ans andere Ufer
mit der Burgruine. Weiter geht es nach Ramspau. Hier besteht
wieder die Möglichkeit zu zelten. Idyllisch liegt der Ort mit seinem kleinen Schloss am Ufer des Regen. Die letzte Etappe führt
über 21 Kilometer nach Regensburg. Bei Reinhausen mündet der

Paddeln auf dem Regen ist für die
ganze Familie ein Abenteuer.

Fluss in die Donau. Anfänglich ist diese Etappe noch reizvoll, doch je näher man Regensburg kommt, umso mehr Gewerbeparks sind am Ufer zu sehen. In Regenburg angekommen gibt es eine zentral gelegene und ruhige Jugendherberge auf einer Donauinsel. Sie ist der perfekte Standort, um die Hauptstadt der Oberpfalz zu erkunden.

Von Regen langweilig! Auf dem längsten Fluss im Woid gibt es auch wilde Abschnitte.

Schachten-Bummler

Zum Verlorenen Schachten an der Grenze

5

schwer	15 km	360 m	6 Std.

Alter
Ab 12 Jahren

Tourencharakter
Konditionell anspruchsvolle Wanderung

Anfahrt
Auf der A 3 bis Deggendorf und dort die Autobahn verlassen; weiter auf der B 11 bis Patersdorf und dort nach Regen fahren; auf der E 53 bis Lichtenthal, dort auf der Flanitzerstraße bis Frauenau fahren; im Ort ist Oberfrauenau ausgeschildert

Ausgangs-/Endpunkt
Oberfrauenau

GPS-Daten
48.998452, 13.325697

Einkehr
Gutsgasthof Oberfrauenau

Karte
Topographische Karte 1:25 000, Blatt 7045 Frauenau

Information
Tourist-Info Frauenau, Am Museumspark 1, 94258 Frauenau, Tel. 09926/941 00, www.frauenau.de

Schachten. Diese Besonderheit aus dem Bayerischen Wald kennen nur wenige. Für die Kinder ist es ein Erlebnis, zum Verlorenen Schachten an der Grenze zur Tschechischen Republik zu wandern. Unterwegs gibt es einiges zu entdecken.

»Gehen hier die Kinder baden?«, will eine Tochter von ihrem Vater wissen, als sie am Trinkwasserspeicher Frauenau vorbeiwandern. Der Gefragte grinst und erklärt, wozu dieser Stausee hier dient. Der Bayerische Wald, auch wenn man es kaum glauben möchte, hat ein Problem mit dem Wasser. Denn unter dem Waldboden ist Granit und dieses Gestein ist alles andere als wasserdurchlässig. Wenn es im Bayerischen Wald regnet, fließt das Wasser schnell ab. Um die Einwohner mit Trinkwasser versorgen zu können, errichteten Arbeiter von 1976 bis 1983 diesen Staudamm. Er ist 70 Meter hoch und damit der höchste in Deutschland. Der kleine Regen und der Hirschbach befüllen die Trinkwassersperre. Unterwegs gibt es Infotafeln, die über dieses Bauwerk informieren. Die Wanderung beginnt im Gut Ober-

Wer auf die Schachten wandert, der kann mit viel Glück auch den Luchs zu sehen bekommen.

frauenau. Hier stand einmal das Neue Schloss der Freiherrn von Poschinger. Neben einem Gasthof, in dem es sich lohnt einzukehren, zieht vor allem das Wildgehege die Kinder magisch an. Vom Gutshof marschieren wir zum Trinkwasserspeicher und halten uns dort rechts. Immer parallel zum Kleinen Regen führt der Wanderweg bergauf. Kurz vor der Brücke über diesen wilden Fluss geht rechts ein Weg ab, den wir aber nicht nehmen, der führt nämlich zum Großen Rachel. Wir überqueren den Kleinen

Regen und wandern weiter bergauf. Der dichte Forst hier gehört zum Nationalpark Bayerischer Wald und in diesem Abschnitt befindet sich ein Schutzgebiet für Vögel. Bald erreichen wir eine Wegkreuzung. Rechts geht es über den Goldsteig wieder zum Rachel. Wir halten uns geradeaus Richtung Verlorener Schachten. Eine scharfe Linkskurve und es geht den finalen Anstieg hinauf. Unten streifen wir den Verlorenen Schachten, hier lohnt es sich eine Pause einzulegen. Eine uralte Blockhütte (nicht bewirtschaftet) steht am Rande. Mit den Pfadfindern habe ich mehrmals in der Hütte am Verlorenen Schachten übernachtet. Dort gab es viele Mäuse und wir nahmen Mausefallen mit. Die erlegten Nager legten die Pfadis vor die Hütte. Als ich am Morgen in den Schnee rausging, um mir die Zähne zu putzen, stand dort ein Luchsweibchen und verspeiste die toten Mäuse. Die Schachten sind Hochweiden, die meisten liegen auf über 1000 Metern Höhe. Der Name soll daher kommen, dass die Hirten anfänglich in Erdlöchern hausten, die sie notdürftig mit Ästen und

Laub abdeckten. Diese Löcher nannte man Schachten. Typisch für die Schachten sind die Ahornbäume, die im Sommer den Tieren Schatten spendeten. Die Schachten gerieten zunehmend in Vergessenheit und die Zahl der Rechteinhaber ging drastisch zurück. Doch es gibt auch heute noch Landwirte, die ihre Tiere auf die Schachten treiben. Der Verlorene Schachten hat seinen Namen daher, weil er etwas abseits, also »verloren« liegt. Direkt hinter der Weidefläche mitten im Wald verläuft die Grenze zur Tschechischen Republik, auch das ist für die Kinder ein Abenteuer. Wer möchte, kann noch drei Kilometer weiterwandern und kommt zum Hochschachten. Es gibt zwar einen Rundweg, doch dieser ist mit fast 21 Kilometern zu lang für die Kinder. Deshalb drehen wir um und gehen auf dem gleichen Weg wieder zurück nach Oberfrauenau. Dort gibt es einen Ponyhof mit Islandponys. Der Traum von manchem Mädchen ist es, auf einem solchen Pony zu reiten. Am Gut Oberfrauenau gibt es auch einen Hofladen. Für alle, die nicht Vegetarier oder Veganer sind, ein besonderer Tipp! Hier gibt es Wildspezialitäten und Fleisch vom Angusrind zu kaufen. Ein perfekter Abschluss ist es für die Kinder, in der Glasmanufaktur Freiherr von Poschinger, den Glasbläsern bei der Arbeit zuzuschauen.

Urwald? Nein, das ist der Bayerische Wald. Mit konditionsstarken Kindern geht es hinauf zum Verlorenen Schachten an der Grenze zur Tschechischen Republik.

6 Sankt Englmar

Gipfelglück am Pröller und Liesels Kuchen!

| leicht | 6 km | 210 m | 2 Std. |

Alter
Ab 6 Jahren

Tourencharakter
Leichte Rundwanderung mit
Aussicht

Anfahrt
Auf der A 3 Richtung Deggendorf bis Ausfahrt Schwarzach
und nach Sankt Englmar fahren; zwischen diesem Ort und
Markbuchen liegt an der
St 2139 der Parkplatz

Ausgangs-/Endpunkt
Parkplatz am Markbuchener
Sattel direkt an der St 2139

GPS-Daten
49.005556, 12.832550

Einkehr
Berggasthof Hinterwies, Hinter-
wies 3, 94379 Sankt
Englmar, Tel. 09965/408

Karte
Topographische Karte
1:25 000, Blatt 6942 Sankt
Englmar

Information
Tourist-Info Kollnburg, Schulstr.
1, 94262 Kollnburg,
Tel. 09942/94 12 14

Rechte Seite: Wo sich im Winter die
Skifahrer und Snowboarder treffen,
finden wir im Sommer mit dem
Pröller-Gipfel ein lohnendes Ziel.

**Den Pröller kennen die meisten nur als Berg für Skifah-
rer und Snowboarder. Doch es lohnt sich, diese gemütliche Tour zu unternehmen, denn am Gipfel bietet sich
eine wunderbare Fernsicht über den Bayerischen Wald
und den Böhmerwald. Bevor es zurückgeht, lohnt sich
eine Einkehr im Berggasthof Hinterwies. Hier locken
Liesels Kuchen!**

Den Pröller lieben die Skifahrer aus Straubing, Deggendorf und
dem Woid. Die Wintersportfreunde aus Niederbayern und der
Oberpfalz wissen, was sie an diesem Berg haben: vier Lifte und
mit dem Nordhang eine richtig lange sowie steile Abfahrt. Für
den Bayerischen Wald zumindest. Ein Geheimtipp dagegen ist
die Tour hinauf auf den Pröllergipfel. Nach der Wanderung kann
man mit den Kindern zum Egidi-Buckel gehen, dort gibt es eine
Sommerrodelbahn. Los geht's am Markbuchener Sattel. Der
Parkplatz befindet sich am Waldrand zwischen den Orten Sankt
Englmar und Markbuchen. Wir folgen dem Schild »Goldsteig«
und gehen durch den dichten Wald stetig bergauf. Nach einem
Kilometer gabelt sich der Weg. Hier halten wir uns links. Weiter
geht es auf dem geräumten Weg den Pröller hinauf. Unterwegs
stehen Totenbretter, die an vielen Stellen im Bayerischen Wald an
Verstorbene erinnern. Kurz darauf lohnt sich ein Umweg von
wenigen hundert Metern zum Froschmaulfelsen. Zweieinhalb
Kilometer nach dem Start, ist der Gipfel erreicht. Wenn das Wetter klar ist, sind der Große Arber mit seiner ehemaligen Radarstation sowie der Rachel zu erkennen und auch der Hohe Bogen
und der Kaitersberg sind zu sehen. Auf tschechischer Seite ist bei
klarem Wetter der Čerchov am Horizont zu erkennen. Auf seinem Gipfel befinden sich zwei Türme. Wer mit diesem Ausblick
zufrieden ist, kann wieder auf demselben Weg absteigen. Alle
anderen gehen nun wenige Meter über die Skipiste am Pröller-I-
Lift mit der Fuchsenabfahrt vorbei und steigen am Waldrand zur
Hinterwies ab. Parallel verläuft der Skilift Pröller II. Am Ende

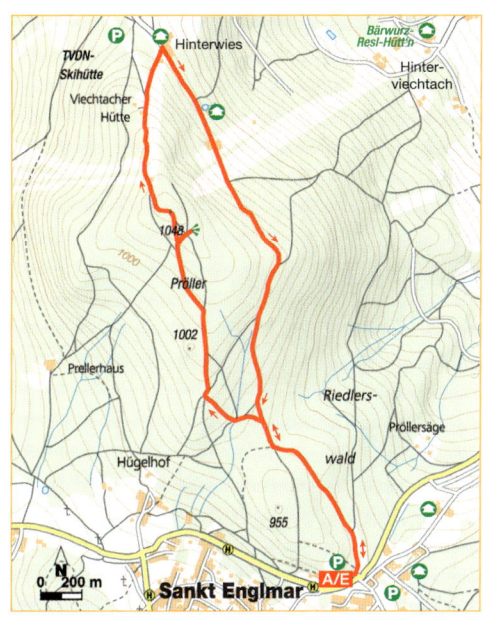

angekommen ist der Berggasthof Hinterwies zu sehen. Dieser hat bei den Wanderern und Wintersportlern einen legendären Ruf. Zurück geht es auf einem anderen Weg, dazu nehmen wir den Weg mit der Nummer 4. Er führt durch den Wald bis zum ehemaligen Gasthof Hochprölle. Hier überqueren wir die ehemalige Skipiste und wandern weiter auf dem Forstweg. Nun ist der Nordhang mit seinem Skilift erreicht. Wir steigen am Waldrand hoch bis auf die Höhe des Schleppliftendes, überqueren die Piste und steigen am Waldrand zum Wanderweg ab. Weiter geht es durch den Wald, bis die vom Hinweg bekannte Gabelung erreicht ist. Jetzt ist es nur noch ein Kilometer bis zum Parkplatz Markbuchener Sattel. Der Arber? Ach, was ist der schon gegen den Pröller!

7 Rund um den Arbersee

Märchenwald und Schwingrasen

mittel	22,4 km	410 m	5 Std.

Alter
Ab 10 Jahren

Tourencharakter
Lange Rundwanderung

Anfahrt
Auf der A 3 bis Deggendorf, von dort weiter auf der B 11 bis Regen; auf der B 11 bleiben, an Zwiesel vorbei und bis Bayerisch Eisenstein fahren

Ausgangs-/Endpunkt
Zentrum von Bayerisch Eisenstein

GPS-Daten
49.121825, 13.208766

Einkehr
Arberseehaus, täglich 10–15.30 Uhr geöffnet; Pöschlstuben, Hauptstraße 37, 94252 Bayerisch Eisenstein

Karte
Fritsch Wanderkarte 1:35 000, Bodenmais, Böbrach, Geiersthal, Teisnach, Zellertal

Information
Tourist-Info Bayerisch Eisenstein, Schulbergstraße 1, 94252 Bayerisch Eisenstein, Tel. 09925/94 03 16, www.bayerisch-eisenstein.de

Mit dem Kinderwagen lässt sich diese Tour problemlos meistern. Zwei Höhepunkte hat die Wanderung: den Großen Arbersee und den Märchenwald. Auch wenn Letzterer ein wenig aus der Zeit gefallen wirkt, begeistert er immer noch die Kinder.

Ich sitze auf Papas Schultern und drehe ihm die Haare zusammen. Neben uns geht Onkel Hans mit seiner dicken Brille und dem Steirerhut. Mein großer Bruder ist auch mit von der Partie. Mit einer Hand halte ich meine Puppe fest, mit der anderen Papas Haare. Am stärksten sind mir aber die Hütten vom Märchenwald im Gedächtnis haften geblieben. Was hatte ich teilweise Angst und nur dank meines Bruders fasste ich ein wenig Mut, mir diese Puppen anzusehen. Gut, dass Papa und Onkel Hans als letzte Rettung auch noch zur Verfügung standen. Wer

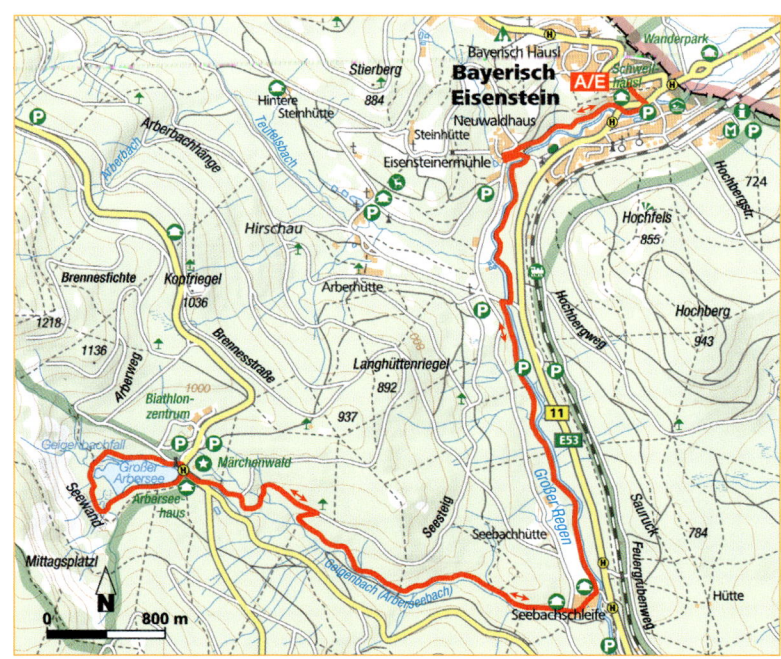

mit dem Kinderwagen zum Großen Arbersee wandern will, der marschiert in Bayerisch Eisenstein los. In diesem Ort direkt an der Grenze zur Tschechischen Republik wandern wir auf dem Weg Nummer 8 los. Auf dem Goldsteig folgen wir ab der Eisensteinermühle dem Großen Regen. Rechts von uns ist der Fluss und links die weniger malerische B 11, auch Bayerwald-Highway genannt. Wir überqueren den Regen und gehen weiter auf dem Goldsteig am Ufer entlang. Bald ist auch Seebachhütte zu sehen. Hier stellten Glasbläser und Schleifer von 1870 bis 1901 Kristallglas der Firma Nachtmann her. Später verlagerte das Unternehmen die Produktion nach Neustadt an der Waldnaab. Wir wandern weiter immer parallel zum Großen Regen und kommen nun an das Waldhotel Seebachschleife. Hier sind schon die Cheftrainer der DSV-Biathleten zu Gast gewesen. Am Hotel wandern wir bergauf am Geigenbach entlang. Hier heißt es, den Kinderwagen erst einmal hinaufschieben. Zuerst kommen wir am Märchenwald vorbei, der rechts im Wald liegt. Seit den 70er-

Eine Wanderung um den Arbersee gehört für Familien zu den unvergesslichen Ausflügen im Bayerischen Wald.

Jahren gibt es ihn. Der Rundweg ist etwa 1,5 Kilometer lang. Zu sehen gibt es lebensgroße Figuren an den einzelnen Stationen und dazu bekommen die Besucher das entsprechende Märchen zu hören. Hans im Glück ist im Märchenwald ebenso zu Hause wie der Wolf und die sieben Geißlein oder die Bremer Stadtmusikanten. Dazu gibt es ein Karussell und Autoscooter. Vieles hat

Alle, die es gerne flott haben, können die Tour zum Arbersee auch mit dem Kinderwagen absolvieren.

Im Tierpark Lohberg gibt es sowohl Greifvögel zu sehen...

noch immer den Charme der 70er-Jahre. Den Kindern gefällt's. Über das Arberseehaus kommen wir direkt zum Ziel unserer Tour: der Große Arbersee. Ein gut ausgeschilderter Rundweg führt um das knapp acht Hektar große (das sind elf Fußballfelder) Gewässer, das aus der Eiszeit stammt und seit 1939 ein Naturschutzgebiet ist. Im Wald um den See stehen einige Bäume, die 400 Jahre oder älter sind. Die Arberseewand ist so steil, dass hier die Holzknechte selten bis gar nicht Bäume fällten. Wegen der Unzugänglichkeit des Gebiets leben die Fischotter hier in freier Wildbahn. Es ist einer der wenigen Orte in Mitteleuropa, wo diese possierlichen Tiere überleben können. Der Weg um den Großen Arbersee lohnt sich, denn dort gibt es auch den Schwingrasen zu sehen. Biologen bezeichnen damit eine Pflanzendecke, die auf dem Wasser schwimmt. Wobei der Schwingrasen nicht aus Gras, sondern aus Moosen besteht. Bitte nicht daraufsteigen, denn der Schwingrasen kann keinen Menschen tragen. Wer um den See wandert, kann auch erkennen, was der Borkenkäfer für Schäden angerichtet hat. Auf demselben Weg, den wir hierhergekommen sind, wandern wir nach Bayerisch Eisenstein zurück.

Bayerwaldtierpark Lohberg

Tierisches Glück für Kinder und Eltern

Der einzige Tierpark der Oberpfalz befindet sich in Lohberg am Fuße des Arber. Zu sehen gibt es keine Löwen, Elefanten oder andere exotische Tiere. Hier in Lohberg bekommt man Tiere zu sehen, die im Bayerischen Wald oder im Böhmerwald beheimatet sind. Für die Kinder ist dieser Tierpark ein unglaubliches Erlebnis.

Drei Minuten und 26 Sekunden brauchte Hicham El Guerrouj am 14. Juli 1988 in Rom, um 1500 Meter zu laufen. Dieser Weltrekord steht bis heute. 1500 Meter, so lang ist der Hauptweg vom Tierpark Lohberg. Doch wir brauchen garantiert länger als dreieinhalb Minuten, denn hier gibt es viel zu sehen. Bemerkenswert sind die familienfreundlichen Eintrittspreise. Für das, was hier

leicht · 1,5 km · – · –

Alter
Ab 2 Jahren

Tourencharakter
Leichte Rundtour im Tierpark

Anfahrt
Auf der A 3 bis zur Ausfahrt Parkstetten und weiter auf der B 20 bis Chammünster; dort auf die B 85 bis Miltach bleiben, dann auf die St 2140 bis Bad Kötzting; nach Grafenwiesen auf die St 2138, bis nach Lohberg, der Tierpark ist ausgeschildert.

Ausgangs-/Endpunkt
Bayerwaldtierpark Lohberg

GPS-Daten
49.17162, 13.08839

Öffnungszeiten
April bis Oktober täglich ab 9 Uhr, letzter Einlass 17 Uhr, November bis März täglich ab 10 Uhr, letzter Einlass 16 Uhr

Preise
Erwachsene 5 €, Kinder 4–16 Jahre 3 €, Familien-Tageskarte 12 €

Einkehr
Kiosk mit Terrasse zentral im Tierpark

Information
Bayerwald-Tierpark Lohberg, Schwarzenbacher Str. 1A, 93470 Lohberg, Tel. 09943/ 81 45, www.bayerwald-tierpark.de

in Lohberg eine Familienkarte kostet, bekommt ein Erwachsener in anderen Zoos nicht mal ein Einzelticket! Wer mit Kinderwagen, Rollator oder Rollstuhl unterwegs ist, kann den Weg im Tierpark problemlos meistern. Für manche Eltern ist dieser Hauptweg allerdings eine Art Hindernislauf. Deshalb ist das Beste: Zeit nehmen für den Tierparkbesuch und das Fernglas für diese Bayerwald-Safari auspacken. Die erste Hürde lauert gleich nach dem Eingang. Hier ist der Streichelzoo. Welches Kind kann sich zurückhalten bei gut 40 Tieren, die in dem zugänglichen Gehege nur darauf warten, dass ihnen die kleinen Besucher durch das Fell fahren? Im Streichelzoo gibt es gutmütige Esel, liebenswerte Kaninchen, wuschelige Meerschweinchen und Hühner. Sofort suchen die Kinder den direkten Kontakt zu den Tieren, um anschließend zu fordern: »Ich will auch ein Haustier haben!«. Das wiederum löst bei den Eltern reflexartig folgende offene Frage aus: »Und wer macht dann den Stall regelmäßig sauber?« So schnell lassen sich Diskussionen beenden. Wir sind aber erst am Anfang. Während in manchen Zoos die Tiere sichtlich verhaltensgestört in den Käfigen auf und ab laufen, haben die Bewohner im Tierpark Lohberg reichlich Platz. Ein gutes Beispiel ist das Gehege am Elchsee. Hier lebt der Elch. »Ja, was tut denn der hier? Der kommt doch aus Schweden oder Norwegen!«, meint ein Besucher und zeigt auf den friedlichen Elch. Da irrt sich der gute Mann. Denn bis vor 400 Jahren lebte der Elch im Osten Bayerns. 2015 gelang es zum ersten Mal wieder einen in freier Wildbahn lebenden Elch im Bayerischen Wald zu fotografieren. Eine Sensation! Zum Konzept des Tierparks Lohberg gehört auch, den Besuchern Hintergrundinfos über die Tiere zu geben. Elternfreundlich ist der Kinderspielplatz angelegt, denn dahinter befindet sich der Kiosk mit Terrasse. Nach der Warteschleife am Streichelzoo haben sich die Eltern hier einen Kaffee oder ein Bier verdient. Bei wem es in der Familie eine Diskussion gibt, ein Aquarium anzuschaffen, der macht um das Haus am Elchsee besser einen diskreten Bogen. Denn dort sind Aquarien mit heimischen Fischen ausgestellt. »Wo sind denn die Clownfische?«, fragt sich manches Kind, doch diese Fische leben in tropischen Salzwassermeeren. Dafür gibt es hier Hechte, Saiblinge und Regenbogenforellen zu bewundern. Weiter geht es auf dem 1,5 Kilometer langen Hauptweg, der so lange dauern kann wie ein Marathon. Das größte Gehege von allen steht Ihrer Hoheit zu – dem König des Waldes. Nein, damit ist nicht der Wolf oder der Hirsch gemeint. Eine unangefochtene Hoheit ist der Wisent. Durch intensives Jagen galt dieser europäische Bison zum Ende des Ersten Weltkriegs als ausgerottet. Nur durch Bestände in privaten Wildgehegen und Tiergärten ist es möglich gewesen, dieses wunderbare Tier nachzuzüchten und erfolgreich auszuwildern. Durch ihre Körpermasse beeindrucken die Wisente Eltern und Kinder. Gegenüber haben die Luchse ihr Gehege. Bei den Pinselohrkatzen gilt das Motto: Probier's mal mit Gemütlichkeit. Hektik ist den Luchsen fremd. Geschmeidig und lautlos bewegen sie sich. Nun kommen wir zu den Wölfen. 2003 kam der Tierpark in die Schlagzeilen, als ein dreijähriger Wolfsrüde ausbüxte. Von drei verschiedenen Stellen aus lassen sich die Wölfe perfekt beobachten. Nur wenige Meter weiter ist der Rothirsch in seinem weitläufigen Gehege unterwegs. Wir gehen auf dem Rundweg zurück und kommen an etlichen Gehegen, etwa dem des Bibers, vorbei. Begeistert sind die Kinder auch von der Freiflugvoliere. Eines ist sicher: Den Hauptweg von 1,5 Kilometern im Tierpark Lohberg kann kein Mensch in drei Minuten und 26 Sekunden ablaufen. Sollte es doch jemand schaffen, dann ist er selbst schuld!

9 Burg Wolfsegg

Zeitreise zurück in die Ritterzeit und eine weiße Frau

leicht — — —

Alter
Ab 2 Jahren

Tourencharakter
Besichtigung einer Burg mit Höhlenmuseum

Anfahrt
Auf der A 3 bis zur Ausfahrt Beratzhausen oder Laaber, dann bei Heitzenhofen über die Naab und weiter Richtung Wolfsegg

Ausgangs-/Endpunkt
Parkplatz an der Burg

GPS-Daten
49.106667, 11.976389

Öffnungszeiten
1. Mai bis 30. September jeweils an den Wochenenden und an Feiertagen 10–16 Uhr, Führungen und zusätzliche Öffnung nach Absprache

Preise
Erwachsene 2 €, Kinder 3 bis 14 Jahre 1 €

Einkehr
Gasthof Kumpfmüller, Waldweg 2, 93195 Wolfsegg

Information
Kuratorium Burg Wolfsegg e.V., Burggasse, 93195 Wolfsegg, Tel. 09409/16 60, www.burg-wolfsegg.de

Eine der wenigen komplett erhaltenen gotischen Burgen in der Oberpfalz steht in Wolfsegg. Noch nie hat jemand diese Burg zerstört und für die Kinder ist es eine Zeitreise ins Mittelalter. Im Frühjahr und Sommer gibt es tolle Mitmachaktionen für die kleinen Besucher.

»Schau mal Papa!« Plötzlich stehen drei Burgfräuleins vor mir. Da bin ich wirklich überrascht, wie sich die Kinder plötzlich verwandelt haben. In liebevoll genähten mittelalterlichen Kostümen basteln sie mit anderen Kindern. Ganz stolz laufen die Buben in den Ritterrüstungen herum. Also schnell die Zeit ohne Kinder nutzen und die Burg Wolfsegg erkunden. Wahrscheinlich standen die ältesten Abschnitte der Festung bereits im Jahr 1278. Wer der Erbauer gewesen ist, darüber herrscht noch keine hundertprozentige Klarheit, aber die Archäologen gehen davon aus, dass es Wolf von Schönleiten gewesen ist. Im Laufe der Jahrhunderte wechselte die strategisch wenig bedeutsame Burg ihre Besitzer. Vor allem Ministerialen, das sind Verwaltungsbeamte im niederen Adelsstand gewesen, lebten auf der Burg Wolfsegg. 1367 veräußerte Ulrich von Laaber die Burg an seinen Cousin Hadamar. Immobiliengeschäfte gehören offensichtlich zur Menschheitsgeschichte. Der Herr von Laaber hatte zuvor die Festung Ulrich von Lichteneck abgekauft und so ging es die Jahrhunderte munter weiter. Ich sehe mir diese komplett renovierte Ritterburg an. Genau so stellen sich Kinder eine mittelalterliche Festung vor. In einem Raum sind Rüstungen und Waffen aus dieser Zeit ausgestellt. Schilder weisen dezent darauf hin, dass die Ausstellungsstücke nicht von der Burg Wolfsegg stammen. »Des is für de ganz Gscheitn!«, kommentiert ein Besucher diesen Hinweis. Anschaulich und kurzweilig ist für Kinder sowie Erwachsene das Leben auf einer Burg dargestellt. »Wo haben die denn ihren Thermomix gehabt?«, will ein Kind in der Küche der Festung wissen. Doch im Mittelalter ist die Küchenarbeit mit viel Schweiß verbunden gewesen. Mit der Reinlichkeit hatte man es in diesen beengten Verhältnissen weniger. »Auf der Burg muss es furchtbar gestunken haben!«, mutmaßt ein Vater. Womit er wahrscheinlich Recht hat. Denn auf den Burgen hielten sich die Bewohner teilweise Nutztiere für die tägliche Versorgung mit Lebensmitteln. Einen Badezuber mit heißen Wasser zu befüllen ist Schwerstarbeit gewesen. Dazu mussten die Mägde Wasser aus dem Burgbrunnen holen und es über der Feuerstelle in der Küche erhitzen, um es anschließend zum Badezuber zu tragen. Eine Frau zieht die großen und kleinen Besucher auf der Burg Wolfsegg magisch an: die Weiße Frau! Ein eher missglücktes Portrait von ihr hängt in einem Saal der Burg. Angeblich soll

Auf Burg Wolfsegg ist für die Kinder immer wieder was geboten, vom Verkleiden und Basteln bis zum Kasperltheater.

es sich um Klara von Helfenstein handeln. Sie hatte, so sagt man, eine Affäre mit Georg Moller. Ihr Gatte Ulrich von Laaber kam dahinter und töte die untreue Ehefrau. Doch die Sage stimmt hier nicht so ganz, denn Ulrich von Laaber starb vier Jahre vor seiner Gattin. Was an dieser Spukgestalt ebenfalls seltsam ist: Sie taucht schriftlich erst nach 1848 auf. Auch das spricht gegen eine Sage aus dem Mittelalter. Tatsachen hin oder her, in den 60er-Jahren gewann die Sache mit der Weißen Frau von Wolfsegg richtig an Fahrt. Geisterjäger und Journalisten kamen immer wieder auf die Burg um neue »Details« über das Gespenst zu (er-)finden. Dabei hat die Festung mitten im Dorf Wolfsegg noch mehr zu bieten. Unter der Burg befindet sich eine Schachthöhle, die ungefähr 500 Meter lang ist. Seit 1841 kennt man die Unterwelt des Burgbergs. 1939 stellten die zuständigen Behörden die Höhle unter Naturschutz, deshalb ist sie für die Besucher gesperrt. Nur die Fledermäuse dürfen unter Tage rein und raus. Seltene Exemplare wie die Bechsteinfledermaus oder die Fransenfledermaus haben hier ein sicheres Rückzugsgebiet. Wenn der Besucher nicht zur Höhle kommen kann, dann kommt eben die Höhle zum Besucher und deshalb gibt es auf der Burg Wolfsegg ein Höhlenmuseum. Dort bekommen die Kinder Fotos von der Höhle zu sehen und sind von der Puppe beeindruckt, die wie ein Höhlenforscher angezogen ist. Auch Fundstücke aus der Höhle sind dort ausgestellt. Ein Besuch dieser Festung ist eine lohnenswerte Zeitreise für die ganze Familie.

10 Paddeln auf dem Chamb
Ideal für Anfänger

leicht	18,53 km	35 m	5 Std.

Alter
Ab 8 Jahren (wenn die Kinder sicher schwimmen können)

Tourencharakter
Tagespaddeltour

Anfahrt
Über die A 6 Nürnberg–Amberg, dann weiter auf der B 85/20 oder auf der A 92 München–Deggendorf bis zur Ausfahrt Landau/Straubing, dann auf der B 20 oder auf der A 93 Regensburg–Weiden bis zur Ausfahrt Teublitz, dann Richtung Cham/Furth im Wald

Ausgangspunkt
Furth im Wald

Endpunkt
Cham

GPS-Daten
49.320609, 12.848926

Einkehr
Kanuclub Graf Luckner in Cham während der Saison ab 19.30 Uhr geöffnet; Gasthof-Metzgerei Wagner Franz, Kothmaißling; weitere Möglichkeiten in Cham

Karte
Topograph. Karte 1:25 000, Blatt 6741 Cham West

Information
Tourist-Info Cham, Propsteistraße 46, 93413 Cham, Tel. 09971/85 79-410, www.cham-roding-urlaub.de

Den längsten Nebenfluss des Regen kennen selbst manche Einheimische nicht. Der Chamb ist 52 Kilometer lang und entspringt im Böhmerwald. Von Furth im Wald bis Cham ist es eine gemütliche Paddeltour für einen Tag und alle, die zum ersten Mal im Kanu sitzen, können erste Erfahrungen sammeln.

»Bloß net hudeln!«, meint der gemütliche Bootsverleiher und lädt in aller Seelenruhe die Kanus ab. Hier in Furth im Wald soll es auf dem Chamb losgehen. »Ihr habt ja no Zeit, gehts ins Drachenmuseum«, meint der Mann. Ein guter Tipp, denn das Drachenmuseum ist weltweit einmalig. Der Further Drachenstich ist das älteste Volksschauspiel in Deutschland, das seit mindestens 1646 stattfindet. Der auf vier Beinen schreitende Drache, er speit auch Feuer, ist die Attraktion des Festspiels. Abkühlung vom

Drachenfeuer gibt es auf dem Chamb. Auch wenn der Fluss gemächlich dahinplätschert, so ist er doch der Nebenfluss des Regen, der am meisten Wasser führt. Seinen Namen hat der Chamb aus dem Keltischen: Kambos bedeutet gewunden oder krumm. Somit macht der Chamb seinem Namen alle Ehre, wie er durch die Cham-Further-Senke dahinmäandert. Nur an manchen Abschnitten ist der Fluss begradigt. Auf dem Wasser ist die Strömung nur gering. Warum, so fragen sich manche Paddler, fließt der Chamb so langsam, wenn er doch von allen Nebenflüssen des Regen am meisten Wasser führt? Ganz einfach! Das Gefälle ist mit 170 Metern sehr gering, immerhin ist der Chamb von der Quelle im tschechischen Vitovky bis zur Mündung in den Regen bei Cham 51 Kilometer lang. Los geht es mit der Paddelei bei der Chambaue in Furth im Wald. In unmittelbarer Nähe befindet sich ein japanischer Garten. Zuerst geht es am Ortsteil Wutzmühle vorbei. Parallel zur Kreisstraße CHA 55 paddelt man dann nach Arnschwang. Weiter fließt der Chamb durch Wiesen

Der Chamb wird eher selten befahren, ist aber perfekt, um mit dem Paddeln zu beginnen.

zum Dorf Nösswartling. Hier ist der Fluss aufgestaut und das Boot muss kurz getragen werden. Nun folgt eine Schleife auf die nächste. Das geht so lange, bis die Kreisstraße CHA 9 unterquert wird. Ab hier ist der Fluss begradigt. Immer wieder sind Flussschwellen aufgeschüttet und dadurch bekommt der Chamb

Gemütlich geht es auf dem Fluss dahin. Hier entschleunigt die ganze Familie.

deutlich mehr Strömung. Keine Sorge, alle die zum ersten Mal in einem Kanu sitzen, schaffen auch diese kurzen Passagen, ohne das Boot umzukippen. Am Ortsrand passieren wir nur nun Kothmaißling. Der Chamb treibt uns weiter durch eine flache Felder- und Wiesenlandschaft der Further-Chamer-Senke. Bald ist Kammerdorf erreicht. Hier unterquert der Chamb die Chamerstraße. Bald ist der Satzdorfer See zu sehen. Die Paddeltour geht zu Ende und der Chamb mündet im Chamer Stadtteil Altenstadt in den Regen. Nach wenigen Hundert Metern ist der Kanuclub Graf Luckner mit dem Zeltplatz erreicht. Hier landen wir an und lassen das Boot abholen. Eine Übernachtung lohnt sich auf jeden Fall, ebenso wie ein Bummel durch die Kreisstadt Cham mit ihrer sehenswerten Altstadt. Auf dem Chamb verfiel niemand in hektisches Paddeln, dafür ist der Fluss (meistens) zu ruhig. Denn hier gilt: »Bloß net hudeln!«

Günstig übernachten: Jugendherbergen und Campingplätze im Bayerischen Wald

Jugendherberge Saldenburg
Ritter-Tuschl-Straße 20
94163 Saldenburg
Tel. 08504/16 55

Jugendherberge Neuschönau-Waldhäuser
Herbergsweg 2
94556 Neuschönau
Tel. 08553/60 00

Jugendherberge Furth im Wald
Daberger Str. 50
93437 Furth im Wald
Tel. 09973/92 54

Naturcamping am Bauernhof
Helmut Binder
Wullendorf 4
94344 Wiesenfelden
Tel. 09964/99 69
www.berghuette-binder.de

Jugendherberge Bayerisch Eisenstein
Brennesstraße 23
94252 Bayerisch Eisenstein
Tel. 09925/337

Camping Heiner
Arberseestraße 6
94252 Bayerisch Eisenstein – Regenhütte
Tel. 09925/247
www.camping-heiner.de

Aquahema
Oberes Dorf 7
93476 Blaibach
Tel. 09941/41 28

Campingplatz Waldmünchen
Alte Ziegelhütte 6
93449 Waldmünchen
Tel. 09972/14 69
www.campingplatz-waldmuenchen.de

Allein der Anblick der Saldenburg macht viel her und das Wissen dort übernachten zu dürfen, lässt viele Kinderherzen höher schlagen.

Majestätisch thront Burg
Rabenstein auf einem Hochplateau
in der Fränkischen Schweiz.

Franken und
Niederbayern

Outdoor-Abenteuer Biken

Packliste für eine Wochenend-Radtour mit Kindern

Ups! Papa hat plötzlich realisiert, dass die Fahrradtaschen doch weniger Volumen haben als der Kofferraum seines Kombis. Nun beginnt das hektische Umsortieren. Bevor die Radtour losgeht, ist die Stimmung so rasant in den Keller gerauscht, wie manche Rennfahrer bei der Tour de France den Berg runter. Wir haben versucht, einen Leitfaden zu finden, was in die Radtasche gehört. Weniger kann hier oft mehr sein.

Material fürs Fahrrad
- Luftpumpe
- Flickzeug
- Multitool mit Kettennieter
- Fahrradschloss

Für die Kinder
- Kuscheltier
- Bücher oder Spiele
- Medikamente
- Kleidung
- Fahrradhose und Trikot
- Regenbekleidung
- Waschbeutel
- Helm (jeder Mensch hat nur einen Kopf!)
- Sonnenbrille

Persönliche Ausrüstung
- Handy
- Helm
- Radkarte oder GPS
- Ladegerät

- Fotokamera (für Schnappschüsse tut es meist auch die Handycam)
- Regenkleidung
- Eventuell Fahrradschuhe
- Erste-Hilfe-Set
- Sonnenbrille
- Geld
- Waschbeutel
- Wechselwäsche
- Fahrradhose und Oberteil

Und nun ab in die Pedale!

Das richtige Werkzeug

Franken ist schon immer das Zentrum der Fahrräder in Bayern gewesen. Winora, Staiger, Mars oder Hercules sind bekannte Fahrradmarken aus Franken. Wir haben mit Burkard Schuster, Produktmanager vom XLC Parts, über Reparaturen und Ausrüstungen bei Radtouren gesprochen.

Jeder kennt das Problem: Plötzlich ist der Reifen platt. Was sollte ich unbedingt dabei haben, damit ich einen solchen Schaden beheben kann?

Burkard Schuster: Einen Ersatzschlauch in passender Größe und mit richtigem Ventil. Dazu zwei Reifenheber und eine Minipumpe. Bei dieser muss man darauf achten, dass mit ihr auch die entsprechende Ventilart aufgepumpt werden kann. Die meisten Fahrräder haben an den Achsen Schnellspanner. Wenn dies nicht der Fall ist, muss auch noch ein 15er-Schlüssel mit dabei sein, um die Radmuttern zu lösen bzw. ein entsprechender Sechskantschlüssel für Steckachsen.

Ja, mir san mit'm Radl da! Bayern bietet tolle Radwege für Familien.

Was gehört an Werkzeug sonst noch unbedingt eingepackt?

Ein Miniwerkzeug. Dort sind die wichtigsten Schlüssel dran, um z. B. mal einen Sattel zu verstellen oder den Lenker anzupassen.

Kann ein Multitool das wirklich leisten?

Ja, für die nötigsten Reparaturen reicht es auf jeden Fall aus. Vor dem Kauf sollte man aber prüfen, welche Funktionen bzw. Werkzeuge integriert sind und wie mein Fahrrad ausgestattet ist. Also, passen die Werkzeuge zu den wichtigsten Schrauben, die an meinem Bike verbaut sind.

Ideal bepackt

1981 prasselt auf einen jungen Burschen, der durch Südengland radelt, der Dauerregen nieder. Als der Radlfahrer einen Lkw mit Plane sieht, hat er eine Idee. Das ist die Gründungsgeschichte von Ortlieb, dem bekannten Hersteller von Fahrradtaschen aus Heilsbronn in Franken. Wir haben uns bei den Profis von Ortlieb Tipps fürs Fahrradgepäck geholt.

Was ist besser, ein Rucksack zum Fahrradfahren oder die Radtasche?

Peter Kühn: Das ist pauschal gar nicht zu beantworten, da es so verschiedene Ausprägungen von Radfahren gibt. Bei klassischen Radreisen sind Radtaschen sicherlich sinnvoller, da ich das Gepäck nicht auf dem Rücken tragen muss, sondern es am Bike untergebracht ist. Wenn ich mit dem Mountainbike in den Alpen unterwegs bin und auch raues Gelände befahren möchte, ist ein Rucksack sicherlich die bessere Wahl für mein Gepäck.

Kinder wollen gerne so ausgerüstet sein, wie die Eltern und möchten auch eine eigene Radtasche. Ab wann kann ein Kind mit einer Radtasche auf Tour gehen?

Idealerweise sollte das Kind bereits gut das Gleichgewicht halten können und sicher unterwegs sein, da natürlich durch das Gepäck eine zusätzliche Schwerpunktkomponente mit ins Spiel kommt. Der Sport-Roller eignet sich auf Grund seiner Größe sehr gut, um für Kinderräder als Radtasche verwendet zu werden, er ist ab 20-Zoll-Rädern problemlos montierbar.

Wie sollte eine Radtasche beschaffen sein?

Die Tasche sollte leicht und schnell am Rad befestigt und abgenommen werden können, das Befestigungssystem leicht zu montieren sein. Sie ist wasser- und staubdicht und der Verschluss einfach zu bedienen. Das System ist mit verschiedensten Gepäckträgern kompatibel, zudem lässt sich das Gewebe leicht reparieren. Die Halterungskomponenten sollten austauschbar sein, die Tasche verfügt über einen Tragegriff und einen Schultergurt, oder lässt sich mit einem Adapter als Rucksack tragen.

Mit dem Anhänger unterwegs

Das Fahren mit einem Anhänger ist gewöhnungsbedürftig. Fragen von Eltern zum Thema Fahrradanhänger konnten wir Allison Coughlin stellen. Sie ist Sales- und Marketingmanagerin bei Burley, dem bekannten Hersteller von Kinderanhängern. Ihr Vater Mike ist der Inhaber des Unternehmens.

Macht es Sinn, einen gebrauchten Fahrradanhänger zu kaufen oder besteht die Gefahr, dass dieser Schäden hat, die nicht zu erkennen sind?

Kommt Zeit, kommt Rad! In Bayern können Familien aus 123 Fernradwegen auswählen.

Allison Coughlin: Das ist gar nicht so leicht zu beantworten! Im Gegensatz zur Automobilbranche kennen wir keine Zertifikate für Gebrauchtwagen – bzw. in diesem Fall gebrauchte Anhänger. Grundsätzlich ist immer ein gewisses Risiko dabei, wenn man etwas Gebrauchtes kauft. Auf jeden Fall sollte man folgende Schlüsselbereiche gründlich nach Hinweisen auf Abnutzung oder Beschädigung – wie z. B. Kratzer, Risse, Falten oder auch Farbveränderungen – untersuchen: Verbindungsstücke (am Fahrrad befestigte Kupplung, Zugstange/Deichsel, Aufnahme am Anhänger), Sitz inklusive Gurt, Rahmen, Achse und Räder. Wenn das Verdeck deutliche Abriebspuren aufweist, könnte dies auf einen vorangegangenen Überschlag hindeuten – was wiederum versteckte bzw. nicht erkennbare Schäden verursacht haben könnte.

Wie verändert sich das Fahrverhalten mit einem Gespann aus Fahrrad und Anhänger? Ist die Umstellung schwer?

Ein Anhänger bedeutet zusätzliches Gewicht, wodurch das Fahrrad weniger schnell reagiert. Größere Steine, Bordsteinkanten, scharfes Bremsen oder plötzliche Lenkbewegungen sollten vermieden werden, um schwierige oder gefährliche Situationen zu umgehen. Unser Tipp ist, den Anhänger mit Gepäck zu beladen und das Fahren erst einmal in einem offenen und sicheren Terrain – z. B. auf einem leeren Parkplatz oder einem breiten Fahrradweg – zu üben. So kann man sich in Ruhe an das ungewohnte Handling herantasten und fühlt sich danach sicher und bereit auch für kritischere Situationen. Übrigens ist die Fahrtauglichkeit und Kompatibilität des Fahrrads genauso wichtig! Ein Check-up durch einen qualifizierten Händler wäre also ein guter Start.

Eine Frage, die manche Eltern spaltet: Muss das Verdeck von einem Fahrradanhänger immer geschlossen sein und warum ist das so?

Ja, das Verdeck muss unbedingt bei jeder Fahrt geschlossen sein, aus zwei einfachen Gründen: Nur so ist das Kind vor Schmutz, kleinen Steinen oder Zweigen, welche leicht

An den bayerischen Flüssen, wie dem Main, verlaufen Radwege, die flach und somit perfekt geeignet für Familien sind.

aufgewirbelt werden können, geschützt. Und das Verdeck fungiert als wichtige Barriere zwischen Kind und Fahrrad-Hinterrad. Wir verstehen natürlich, dass die kleinen Passagiere auch ein paar warme Sonnenstrahlen oder den angenehmen Fahrtwind abbekommen wollen, deswegen haben wir unsere Anhänger so designt, dass man bei Bedarf – also gutem Wetter – das Regencover ganz einfach aufrollen kann. Es bleibt dann nur noch ein Netz, sodass das Kind die gute Luft in der freien Natur schnuppern kann und trotzdem geschützt ist. Nutzt man den Anhänger als Kinderwagen, kann das Verdeck selbstverständlich komplett geöffnet werden – solange man ein Auge auf die Umgebung hat.

Naila

Tierisch wandern mit Lamas

| leicht | – | – | 2.30 Std. |

Alter
Ab 7 Jahren

Tourencharakter
Leichte Wanderung mit Lamas

Anfahrt
Auf der A 9 bis 32 Naila/Sel-
bitz, dann weiter auf der
B 173 Richtung Selbitz; bei
Straßdorf nach Schwarzen-
bach am Wald abbiegen, auf
der Walter-Münch-Straße zur
St 2194 und bis Döbrastöcken

Ausgangs-/Endpunkt
Döbrastöcken

GPS-Daten
50.285549, 11.648433

Preise
Geführte Schnupperwande-
rung ab einer Stunde, Preis für
eine Gruppe ab 25 €/Std.,
Kindergeburtstag ab 55 €

Einkehr
Gasthof Rodachtal, Gasthof
Zegasttal, Landgasthaus
Döbraberg in Schwarzenbach
am Wald

Karte
Topographische Karte
1:25 000, Blatt 5636 Naila

Information
Mitimino Lamas, Döbrastöcken
5, 95119 Naila, Tel. 09289/
96 47 84; Tourist-Info, Marktplatz 12, 95119 Naila,
Tel. 09282/68 29 und 68 19,
www.selbitztal.de

Kinder und Tiere, das passt irgendwie zusammen. Doch dieses Mal haben die Kinder keine Kätzchen in ihre Herzen geschlossen, sondern Lamas. Im Frankenwald bieten Michael, Michaela, Tim und Noah Wanderungen mit Lamas an. Das ist alles andere als lahm!

Safran, Cayenne, Thymian, Pepperoni, Anis, Tabasco und Kümmel. In kurzer Zeit sind die Kinder mit »ihren« Lamas befreun-
det. An der Leine führen die Kinder nun diese Andentiere durch
den Frankenwald. »Ich dachte wir reiten auf einem Lama!«,
meint ein Kind. Doch Lamas, so lernen wir, sind keine Reittiere.
Denn diese Tiere haben eine andere Wirbelsäule als wir Menschen, und die sollte nicht von oben her mit einem Reiter belastet
sein. Deshalb baumeln die Packtaschen für Lamas seitlich an den
Tieren. Während der Wanderung durch den malerischen Frankenwald bei Naila erfahren wir eine ganze Menge über diese ru-
higen Tiere. Bevor es losgeht, bekommen alle eine Einweisung.
Dann wandert die Gruppe Richtung Döbraberg. Mit seinen
knapp 800 Metern ist er der Mount Everest im Frankenwald. Auf
dem Gipfel stehen der Prinz-Luitpold-Turm und eine ehemalige
Radarstation. Doch die Kinder sind zu sehr mit ihren vierbeini-
gen Begleitern beschäftigt, um darauf zu achten. Wir sind hier im
legendären Vierländereck unterwegs: Thüringen, Sachsen,
Tschechische Republik und Bayern. Dieses Mittelgebirge ist allerdings für die Lamas eher ein Cluburlaub, denn die Tiere sind
in Südamerika andere Höhen gewohnt. Eine steile Skiabfahrt
führt vom Döbraberg hinunter, zum Glück geht die Gruppe
einen anderen Weg. Die Mannschaft von Mitimino Lamas kennt
hier jeden Baumstumpf. Langsam haben sich die Kinder an die
Lamas gewöhnt und umgekehrt. Wanderer, die entgegenkom-
men, wundern sich schon lange nicht mehr, wenn sie Lamas
sehen. Die Strecke variiert, denn die Experten von Mitimino
Lamas orientieren sich an ihren Kunden. Auch für Eltern mit
Kinderwagen oder mit Kindertragen auf dem Rücken haben die

Lamaführer eine passende Tour. Selbst die ganz Kleinen sehen fasziniert auf die wuscheligen Tiere mit ihren langen Hälsen. Wenn Kinder zwischen vier und sechs Jahren die Lamas führen wollen, ist es wichtig, dass ein Erwachsener dabei ist, um sie zu unterstützen. Bei der Lamatour fällt auf, wie sich die Tiere orientieren. An der Spitze ist das Leittier und alle anderen trotten brav hinterher. Wie eine Karawane in der Wüste zieht die Gruppe durch den Frankenwald. Hinterhältige Aktionen sind den Lamas völlig fremd und sie trappeln gutmütig neben den Kindern her. Bald biegen wir in den Wald ein. Nun geht es über schmale Wurzelpfade dahin. Die Lamas haben sich perfekt dem Leben im Gebirge angepasst. Anstatt harter Hufe wie die Pferde haben sie an den Ballen kein Horn und dafür zwei Zehen. Diese sind mit einer Lederhaut überzogen, da-

durch rutschen die Lamas nicht an den Felsen ab. Sollte einem Kind oder Erwachsenen das Lama unabsichtlich auf die Füße treten, tut es nicht weh, im Gegensatz zu einem Pferdetritt. Die wunderbare Natur in den tiefen Wäldern rund um den Döbraberg ist eine Folge der deutschen Teilung, da hier im ehemaligen Grenzgebiet die Natur jahrzehntelang ihre Ruhe hatte. Die Lamawanderungen im Frankenwald sind zu jeder Jahreszeit möglich, auch im Tiefschnee kommen die Andentiere gut voran. Ohne große Anstrengung folgen die Lamas den Kindern. Die Ruhe dieser Tiere strahlt irgendwie auf ihre kleinen Führer ab. Nach zwei Stunden, die viel zu schnell vergangen sind, kommen wir wieder an der heimischen Koppel an.

Safran, Cayenne, Thymian, Pepperoni, Anis, Tabasco und Kümmel haben für heute Feierabend.

Die Kinder lieben Lamas, denn diese Tiere sind gemütlich und fordern auch nicht, dass die Kleinen ihre Zimmer aufräumen.

12 Mainradweg

Kommt Zeit, kommt Rad! Von Staffelstein nach Bamberg

leicht   38 km   101 m   3.30 Std.

Alter
Ab 8 Jahren

Tourencharakter
Leichte Radtour

Anfahrt
Auf der A 73 bis zur Ausfahrt
Bad Staffelstein und weiter bis
Bad Staffelstein

Ausgangspunkt
Bahnhof Bad Staffelstein

Endpunkt
Bahnhof Bamberg

GPS-Daten
50.107780, 10.993700

Preise
Für nur 5 €/Tag bekommt man
hier ein Fahrrad: www.aqua-
riese.de/verleih/fahrradver-
leih.php

Einkehr
Mehrere Möglichkeiten in Bad
Staffelstein, unterwegs und in
Bamberg

Karte
ADFC-Radtourenkarte
1:150 000, Blatt 21 Mainfran-
ken/Taubertal

Information
Tourismusverband Franken
e.V., Wilhelminenstraße 6,
90461 Nürnberg,
Tel. 0911/941 51-0,
www.mainradweg.com

Am Main gibt es einen beliebten Radweg: auf der einen Seite der Fluss, auf der anderen Weinberge, historische Städte und Dörfer. Wenig Anstiege, gutes Essen und preiswerte Unterkünfte – was will eine Familie mehr? Auf einer Tagestour geht es von Staffelstein nach Bamberg.

»Ich will mit dem Laufrad fahren!«, schimpft meine Kleine, kaum dass wir die Räder aus dem Zug geladen haben. Das Problem ist, wir haben es nicht dabei und für die Etappe von 38 Kilometern ist dieser fahrbare Untersatz absolut ungeeignet. Wir einigen uns am Bahnhof von Bad Staffelstein darauf, dass das renitente Kind auf dem angehängten Trailer mitradelt. So kommen wir auf dem Mainradweg einigermaßen schnell vorwärts und müssen keine Angst haben, dass die Kleine mit anderen Radfahrern kollidiert. Punkten kann der Radweg auch mit seiner vorbildlichen Beschilderung. Für Familien ist dieser Abschnitt des Radwegs so interessant, weil es keine nennenswerten Steigungen gibt. Einsam ist es, als wir am Morgen von Bad Staffelstein aufbrechen. Schnell noch die Packtaschen eingehängt, und schon geht es los. Nebel steigt im Maintal auf und es macht Spaß, auf den Nebenstrecken zu radeln. Hier müssen wir um die Kinder keine Angst haben. Immer wieder radeln wir, der weiß-grünen Markierung folgend, an Baggerseen vorbei. Am Ebensfelder See entdecken die Kinder einen Reiher, der dort auf Beute im Wasser lauert.

Zwischen Bahnlinie und Fluss führt uns der Mainradweg weiter Richtung Bamberg, das Ziel unserer Tagestour. Zwischen Zapfendorf und Rattelsdorf kehren wir kurz ein. Ein gutes Gasthaus am Mainradweg zu finden ist so schwer, wie Muscheln am Mittelmeerstrand aufzustöbern. Viele der Wirtshäuser haben sich auf die radelnde Kundschaft eingerichtet. Bei der deftigen fränkischen Küche ist für jeden (guten) Geschmack etwas Leckeres dabei. Nach der Einkehr folgen wir dem kleinen Fluss Itz. Bevor er in den Main mündet, kommen wir an vielen idyllischen Seen vorbei. Wir radeln von Breitengüßbach, hier haben wir bereits 22 Kilometer im Sattel hinter uns gebracht, zum Dorf Kemmern. Schöne alte Wirtshäuser in Kirchennähe überzeugen uns eine Pause einzulegen. Am Hütsee legen wir eine kurze Badepause ein, bevor wir auf einem holprigen Weg weiter bis Hallstadt fahren. Der Mainradweg ist hier etwas zu schmal, und so können wir nicht nebeneinander fahren, weil sonst überholende und uns entgegenkommende Fahrradfahrer keinen Platz haben. Wir unterqueren die Autobahn und radeln an einer Klein-

Auf dem 600 Kilometer langen Mainradweg gibt es Etappen, auf denen Familien gemütlich radeln.

gärtner-Kolonie vorbei in die Innenstadt von Bamberg. Auch hier ist der Mainradweg vorbildlich beschildert. Auf unserer Fahrt durch die Oberfranken-Metropole bekommen wir einen ersten Eindruck von den Sehenswürdigkeiten Bambergs. An unserem Ziel angekommen, beziehen wir erst mal unser Quartier und schmieden Pläne für den nächsten Tag.

13 Staffelberg

Heiliger Berg der Franken

| leicht | 6,5 km | 150 m | 2 Std. |

Alter
Ab 6 Jahren

Tourencharakter
Einfache Wanderung mit mäßiger Steigung

Anfahrt
Auf der A 73 bis zur Ausfahrt Bad Staffelstein, dort weiter Richtung Romansthal/Staffelberg, der Parkplatz befindet sich am Ortsende

Ausgangs-/Endpunkt
Wanderparkplatz bei Romansthal

GPS-Daten
50.100712, 11.031083

Einkehr
Staffelbergklause, Auf dem Staffelberg, 96231 Bad Staffelstein

Karte
Fritsch Wanderkarte, 1:50 000, Naturpark Fränkische Schweiz Nord

Information
Tourismuszentrale Fränkische Schweiz, Oberes Tor 1, 91320 Ebermannstadt, Tel. 09191/86 10 54, www.fraenkische-schweiz.com

Der Staffelberg ist den Einheimischen heilig. Und er hat etwas ganz Besonderes zu bieten. Ein Zwergenvolk! Im Inneren sollen die Querkela leben, eine Art fränkischer Heinzelmännchen. Ihre Arbeit lassen sich die fleißigen Gnome mit rohen Knödeln entlohnen. Im Staffelberg sollte man deshalb die Querkeleshöhle besichtigen.

Los geht es am Wanderparkplatz bei Romansthal. Hier gehen wir nach links und wandern in Richtung Vierzehnheiligen. Auch mit dem Kinderwagen ist diese Tour zu schaffen, allerdings mit ordentlich Schweiß verbunden. Bald gabelt sich die asphaltierte Straße und dort bleiben wir rechts. Nun heißt es schieben, denn die Straße führt bergauf. In einer Rechtskurve befindet sich eine Abzweigung. Hier nehmen wir rechts den Weg zum Staffelberg. Über einen geschotterten Weg geht es weiter zum Heiligen Berg der Franken. Unterwegs kommen wir an einem Wegweiser vorbei, der uns links zum Staffelberg lotsen will. Diesen Weg kann man mit dem Kinderwagen leider nicht befahren, deshalb gehen wir stur geradeaus weiter. Bald gabelt sich der Weg. Hier geht es links den Berg hinauf. Ein paar Liter Schweiß später erreichen wir die Staffelbergklause. Gegenüber der Klause befindet sich die Adelgundiskapelle. Es ist schwer zu sagen, wie viele Vorgänger dieses kleine Gotteshaus hatte. Experten gehen davon aus, dass bereits die Kelten den Ort auf dem Staffelberg für kultische Handlungen nutzten. Bereits 1419 taucht sie erstmals in Urkunden auf und fest steht auch, dass die Kapelle 1525 im Bauernkrieg schwere Schäden nahm. Nach der Zerstörung blieb dieser Wallfahrtsort für über 100 Jahre eine Ruine. Das änderte sich Mitte des 17. Jahrhunderts. Gläubige setzten die Kapelle wieder instand. Am 8. Juli 1654 weihten Geistliche die neue Kapelle auf dem Staffelberg ein. Seitdem ist der Wallfahrtsort mit dem Heiligen Grab bei den gläubigen Franken beliebt. Was heute nur noch schwer zu erkennen ist: An den Hängen des Staffelbergs wuchs vom Mittelalter bis 1925 Wein. Menschen lebten schon lange auf diesem markanten Berg, bereits 5000 vor Christus wohnten dort oben auf der Hochfläche unsere Vorfahren. Auf dem Berg gibt es auch eine rekonstruierte Pfostenschlitz-mauer zu sehen. Indizien sprechen dafür, dass sich die keltische Hauptstadt vom Obermain, Menosgada, hier befand.

Wir genießen den wunderbaren Ausblick vom Staffelberg, auf dem stolz die Fahne mit dem fränkischen Rechen weht. Nachdem wir so tapfer den Berg hinaufgewandert sind, haben wir uns eine Einkehr in die Staf-felbergklause verdient. Auf dem gleichen Weg kommen wir wieder zurück zu unse-rem Ausgangspunkt.

Allmächd! Der Staffelberg ist der Heilige Berg der Franken.

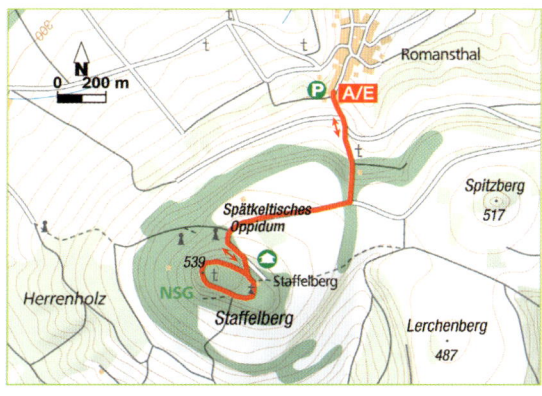

14 Burg Rabenstein
Falken, Ritter und Höhlenbären

leicht	1,2 km	70 m	15 Min.

Alter
Ab 4 Jahren

Tourencharakter
Leichte Rundwanderung

Anfahrt
Auf der A 9 bis Pegnitz, weiter
auf der B 470 bis Pottenstein;
von der Jugendherbergstraße
zur BT 26 fahren und auf ihr
bis zur Burg Rabenstein

Ausgangs-/Endpunkt
Burg Rabenstein, Ahorntal

GPS-Daten
49.821944, 11.370556

Öffnungszeiten
Di bis Fr Führungen um 11 Uhr,
14 Uhr, 16.30 Uhr, Sa, So und
Feiertage 11–17 Uhr durchge-
hend; Flugvorführung Di bis So
und Feiertage 15 Uhr

Preise
Burg Erwachsene 3,50 €, Kinder 6 bis 14 Jahre 2,50 €;
Flugvorführung Erwachsene
8 €, Kinder 6 bis 14 Jahre 5 €

Einkehr
Gutsschenke der Burg

Karte
Fritsch Wanderkarte
1:50 000, Naturpark Fränkische Schweiz Nord

Information
Burg Rabenstein, Rabenstein
33, 95491 Ahorntal,
Tel. 09202/970 04 40,
www.burg-rabenstein.de

Womit lassen sich Kinder immer begeistern? Ritterburgen und Höhlen. Beides gibt es im malerischen fränkischen Ailsbachtal. Über den kleinen Besuchern ziehen Greifvögel ihre Kreise, denn auf der Burg Rabenstein gibt es eine Falknerei. Nur wenige Gehminuten ist die Sophienhöhle entfernt.

»Da gibt es sicher Ritter!«, kreischt ein Junge auf, als er die Burg Rabenstein sieht. So wie diese mittelalterliche Festung auf ihrem Felsen über dem Ailsbachtal thront, stellen sich die meisten Kinder eine Burg vor: mit trutzigen Türmen, Stufengiebel und dicken Mauern aus Bruchsteinen. Eine Burgführung ist für die Kinder lohnenswert. An den Wänden hängen Ritterhelme, Schwerter und Schilde. Gar manches Mädchen träumt nach dem Besuch von Rabenstein, ein edles Burgfräulein zu sein, unter dessen Fenster am Abend ein Minnesänger steht und ein Lied darbringt. Bei den Jungs sieht es anders aus. Sie stellen sich vor, wie toll es ist, als mutiger Ritter hoch zu Ross den Abenteuern entgegenzureiten. Burg Rabenstein regt auf jeden Fall die Fantasie der Kinder an. Viele Besucher hat die Festung kommen und gehen sehen. Etwa seit 1188 steht eine Burg an diesem Platz über dem Ailsbach- und Ahorntal. Im Dreißigjährigen Krieg zerstörten kaiserliche Truppen Rabenstein. Denn der Burgherr Hans Christoph von Rabenstein stand auf Seiten der Schweden. Wie gut, dass in den kommenden Jahrhunderten diese Burg wieder erstand. Ein weiterer Höhepunkt ist für die Kinder der Besuch der Falknerei mit ihrem Greifvogel- und Eulenpark. Hier finden wir den kleinen Waldkauz, der kaum größer als ein Schullineal ist, neben dem Gänsegeier, dessen Flügel eine Spannweite von drei Metern haben. Besonders beliebt bei Erwachsenen und Kindern sind die Flugvorführungen, die immer um 15 Uhr stattfinden. Von der luftigen Höhe geht es nun in das Erdinnere. Auf einem Fußweg wandert die Familie in zehn Minuten gemütlich zur Sophienhöhle. Beeindruckend ist das Eingangsportal. Es ist

ein versteinertes Schwammriff aus der Zeit des Oberjura und somit zwischen 160 und 140 Millionen Jahre alt. Viel jünger ist die Geschichte der Sophienhöhle als Schauhöhle. 1833 entdeckte der Gärtner Michael Koch die Höhle und stieg wenige Tage später mit zwei Wagemutigen, dem Patrimonialrichter Schmölz und dem Müller Hösch, in sie hinein. Der Reichsrat Graf Franz Erwein von Schönborn-Wiesentheid besuchte im Sommer mit seinem Sohn und der Schwiegertochter die neu entdeckte Höhle. Ihr zu Ehren ließ der Graf die Höhle »Sophienhöhle« nennen. Doch schon viel früher sind Menschen in diesen unterirdischen Hallen gewesen, in der Jungsteinzeit lebten hier bereits Familien. Beeindruckend sind die gefundenen Knochen vom Höhlenbären oder vom Wollnashorn. Sehr eng geht es bei den ersten drei Metern der Führung zu, hier müssen sich die Besucher durch einen engen Gang zwängen. Von der Besucherplattform sind die Tropfsteine Elefantenohr und Bienenkorb zu bewundern. »Ich kenne keinen Elefanten, der so ein großes Ohr hat!«, meint ein Kind und schüttelt verwundert über diese gut einen Meter lange

Der Millionär gehört in der Sophienhöhle zu den Attraktionen, auch wenn der Tropfstein nicht Millionen Jahre, sondern erst ein paar Zehntausend Jahre jung ist.

Bei der Burg Rabenstein gibt es einen Falknerhof mit Flugvorführungen und auch die Burg selbst lässt sich besichtigen.

Rechte Seite: Klettersteige in der Oberpfalz? Aber klar! Im Hirschbachtal ist für jeden eine passende Kletterroute dabei.

Sinterfahne den Kopf. Wenige Meter weiter gibt es wieder eine bizarre Formation von Stalagmiten zu sehen. Wie eine orientalische Stadt sehen diese Tropfsteine aus, und deshalb heißt dieser Abschnitt der Sophienhöhle auch so. Nach dem Abstieg über die Treppe kommen die Besucher an einem Höhlenbären vorbei. Gut 3,50 Meter lang ist dieser Meister Petz gewesen. Ein heutiger Braunbär wirkt auffallend klein im Vergleich zum Höhlenbären. Ein Kunstwerk der Natur ist das Rentiergeweih, welches von Kalk überzogen ist. Zu den bekannten Sehenswürdigkeiten der Sophienhöhle gehört der Millionär. Das ist in diesem Fall kein besonders reicher Mann, sondern ein Tropfstein, der ungefähr 2,40 Meter hoch ist. Weitere ungewöhnliche Tropfsteine sind der kleine Millionär, der Eisberg, der Adler und der Kronleuchter. »Gut, dass uns die nicht auf den Kopf gefallen sind!«, sagt ein Mädchen und zeigt auf die Felsbrocken welche am Höhlenboden der letzten Abteilung der Sophienhöhle liegen. Wieder draußen angekommen, erzählen die Kinder, welche Tropfsteine ihnen in der Höhle am besten gefallen haben.

Hirschbachtal
Höhenglück und Norissteig

15

Klettersteige und Mittelgebirge? Das passt doch eigentlich gar nicht zusammen! Im Hirschbachtal gibt es zwei Klettersteige, bei denen sich erfahrene Familien aufteilen können. Für fast jeden gibt es hier den passenden Schwierigkeitsgrad im Felsen.

»Mir? Mir san Obapfälza!«, stellt der Einheimische energisch fest, als ich ihn frage, ob das Hirschbachtal zu Mittelfranken gehört. Auch wenn mein Landsmann, für auswärtige Ohren, heftig fränkelt. Doch es sind die Nürnberger Bergfreunde von der DAV-Sektion Noris, die bereits 1929 diesen besonderen Klettersteig eingerichtet haben. Seitdem halten deren fleißigen Helfer den Norissteig instand. Wie bei allen Klettersteigen oder Felsen

●	🚶🚶 km	⛰	🕐
leicht Norissteig schwer	3,2 km	90 m	1 Std

Alter
Ab 8 Jahren

Tourencharakter
Wanderung an Felswänden durch den Wald

Anfahrt
Auf der A 9 bis zur Ausfahrt Lauf/Hersbruck, dann weiter auf der B 14 Richtung Hersbruck fahren und nach dem Ort die B 14 an der Ausfahrt Neuhaus/Pegnitz verlassen; nach dem Bahnübergang rechts Richtung Neuhaus/Pegnitz etwa zwei Kilometer rechts Richtung Eschenbach bis nach Hirschbach fahren; der Wanderparkplatz befindet sich beim Gasthof Goldener Hirsch.

Ausgangs-/Endpunkt
Hirschbach, Wanderparkplatz beim Gasthof Goldener Hirsch.

GPS-Daten
49.555741, 11.536074

Einkehr
Gasthof Goldener Hirsch

Karte
Fritsch Wanderkarte 1:50 000, Naturpark Fränkische Schweiz Nord

Information
Tourismusverein Hersbrucker Schweiz e. V., Nürnberger Straße 20, 91244 Reichenschwand,
www.hersbruckerschweiz.de

gilt: Bitte nur mit der richtigen Ausrüstung und dem notwendigen Wissen betreten. Man muss sich und die Kinder zusätzlich an einem Klettersteig sichern können. Was an diesem Klettersteig so besonders ist: Man kann ihm am Fuß der Felsen als Rundwanderweg folgen. Dabei trifft man auf bizarre Felsformationen, die als Naturdenkmäler unter Schutz stehen. Der Steig beginnt mit der Knechtshöhle. Wir klinken uns in das Drahtseil ein und klettern rauf zur Höhle. Bald ist an der Felswand ein Fenster erreicht. Durch dieses steigen die Kletterer ein und durchqueren die kleine Höhle. An der anderen Seite geht es durch ein Loch im Felsen wieder raus. Am Stahlseil gesichert

geht es auf das »Dach« der Höhle. Die Knechtshöhle, auch Amtsknechtstüberl genannt, gibt einen ersten Vorgeschmack auf den Norissteig. Wichtig ist auch, dass man sein Können richtig einschätzt. Beliebt als Brotzeitfelsen ist das Noristörle. Gut zehn Meter ist dieser markante Felsen hoch. Ein breites Loch durchbricht ihn wie ein Tor. Weiter geht es zum Brettl. Hier wartet ein dickes Brett auf uns. Dieser Felsen ist ungefähr 30 Meter hoch. Wer Probleme mit der Höhe hat, bleibt bitte am Waldweg. Alle anderen steigen ein. Anfänglich geht es ganz moderat auf einem Felsenband dahin. Doch mit jedem Meter wird dieses schmaler. An etlichen Stellen haben die fleißigen Leute der DAV-Sektion Noris Stahlstifte in den Felsen eingelassen. Auf denen geht es nun, von oben her mit einem Drahtseil gesichert, Schritt für Schritt an der Wand entlang. »Da hat ma den Hintern gut in der Luft!«, witzelt ein fränkischer Klettersteiggeher. Vom Brettl aus ist die nächste Felsformation zu sehen: das Castell! Wie eine Burg sieht es aus und die Kinder können sich sofort vorstellen, wo hier der Turm und die Wehrmauern sind. Auf dem Wanderweg geht es weiter, bis wir den Franke-Kamin erreichen. Hier staut es sich immer wieder einmal, denn es passt nur ein Kletterer in den Felsenkamin. Mit Eisenstiften ist der Weg nach unten gesichert, immerhin geht es 18 Meter den Felsen hinunter. Auf einem Forstweg gelangen wir zur Mittelwand. Hier endet der Norissteig. Wiederum ist etwas Geduld nötig, denn viele Kletterer wollen hier kraxeln. Wer mit

einem Rucksack unterwegs ist, lässt ihn am Felsen zurück, denn im Kamin ist es sehr eng. Mit Seilen ist diese Passage gesichert. Oben angekommen, bietet sich uns ein wunderbarer Ausblick auf die fränkische Schweiz. Doch es geht im Hirschbachtal noch höher hinaus, und zwar auf den Klettersteig Höhenglück. 1932 legten begeisterte Kletterer den Steig an. Auch hier ist es möglich, an der Felswand entlangzuwandern. Etwa einen Kilometer ist der Höhenglück-Klettersteig lang. Er bietet Schwierigkeitsstufen von A bis E. Der große Vorteil: Man kann entscheiden, welche Passage man am Stahlseil gesichert klettert, der Klettersteig muss nicht in einem Stück durchklettert werden. Besonders toll für die Kinder ist die Ferrata Bambini. Problemlos und gut gesichert unternehmen die Kleinen hier ihre ersten Versuche am Felsen.

Bizarre Felsformationen gibt es im Hirschbachtal zu sehen.

71

16 Paddeln auf der Pegnitz

Eine der schönsten Kanutouren in Deutschland

| leicht | 25 km | – | 5 Std. |

Alter
Ab 8 Jahren (wenn die Kinder sicher schwimmen können)

Tourencharakter
Gemütliche Flusswanderung

Anfahrt
Auf der A 9 bis zur Ausfahrt Plech und weiter auf der ST 2163 bis Neuhaus an der Pegnitz

Ausgangspunkt
Neuhaus

Endpunkt
Hohenstadt

GPS-Daten
49.629388, 11.553627

Einkehr
Gasthof Pechwirt in Artelshofen, Café Vogelbeere und Dorfladen in Vorra sowie die Gasthäuser Grüner Schwan und Goldener Engel in Eschenbach

Karte
Jübermann Wassersport-Wanderkarte 1:450 000, Blatt 3 Deutschland – Südwest

Information
Tourismusverein Hersbrucker Schweiz e. V., Nürnberger Straße 20, 91244 Reichenschwand,
www.hersbruckerschweiz.de

Von Neuhaus nach Hohenstadt führt auf der Pegnitz eine der ursprünglichsten Kanutouren in Deutschland. 25 Kilometer pure Natur in der Hersbrucker Schweiz. Ideal für Familien ist diese Tour auf dem fränkischen Amazonas.

»Wie im Dschungel!«, meint ein Kind, als es mit den Eltern auf der Pegnitz dahinpaddelt. Immer wieder hängen die Äste der Bäume am Ufer hinein ins Wasser. Doch das Ganze hat einen Vorteil: Im Hochsommer brennt die Sonne den Paddlern nicht auf die Köpfe. Noch ein gutes Argument gibt es für diese Paddeltour: Teilweise ist die Strömung der Pegnitz flott und der Fluss sorgt für Abwechslung. Ein weiteres Plus ist die unverfälschte fränkische Küche, die es in den Gasthäusern der Hersbrucker Schweiz gibt. Aus ganz Deutschland kommen Paddler, um die Pegnitz von Neuhaus bis nach Hohenstadt hinunterzuschippern. Allerdings fordert dieser Fluss auch die Bootsfahrer. Genau darin liegt der größte Reiz. In Neuhaus setzen die Paddler ein und schon trägt sie die Pegnitz mit einem sanften Schwung dahin. Eine langweilige Kanutour sieht anders aus. Bald ist das Wehr Rothenbruck erreicht. Hier heißt es an der linken Seite anlanden und raus mit dem Pott. Nur kurz müssen die Paddler das Kanu umtragen. Drei Kilometer schlängelt sich die Pegnitz parallel zur Staatsstraße ST 2162 durch das tief geschnittene Tal, dann ist das Wehr beim Dolomitwerk Neuensorg erreicht. In diesem Fall gilt das Motto Konrad Adenauers: Keine Experimente! Rechts anlanden und kurz die Beine vertreten, mit dem Kanu in der Hand. Nun fließt die Pegnitz an Velden vorbei. Nach eineinhalb Kilometern erwartet uns das nächste Hindernis. Raus mit dem Kanu und wenige Meter das Boot über Land tragen. Malerisch liegt das Wehr vor einem für Franken so typischen Fachwerkhaus. Kurz nach dem Wehr nimmt die Pegnitz wieder an Fließgeschwindigkeit auf. Nah kommen nun die Felswände an den Fluss heran. Willkommen in der Fränkischen Schweiz! Bei

Güntherstal rauscht ein kleiner Wasserfall seitlich in die Pegnitz. Diese ist hier wieder mit einem Wehr gezähmt und hier gilt: Wer sein Kanu liebt, der trägt's! Fast sechs Kilometer haben wir nun Ruhe vor dem nächsten Wehr. Immer enger rückt das Tal zusammen. Auf den folgenden Kilometern ist die Pegnitz stark verkrautet. Echte Paddler bremst ein wenig schwimmendes Grünzeug aber auf keinen Fall aus. Beim Wehr in Enzendorf steigen alle aus und wieder ist Tragen angesagt. Wie meinte ein Paddler so treffend: »Da musst du öfter ein- und aussteigen als bei einer Bahnfahrt nach Hamburg!« Unterwegs bietet es sich an, in dem einen oder anderen Dorf am Ufer der Pegnitz anzulegen. Schattige Biergärten und deftige Brotzeiten sind ein guter Grund, den Fluss für eine längere Pause zu verlassen. Gestärkt mit fränkischen Spezialitäten geht es wieder aufs Wasser. In Enzendorf angekommen, heißt es links raus und kurz am Wehr vorbei. Munter mäandert die Pegnitz durchs Tal. Bei Vorra und Afaltern

Teilweise gut zugewachsen ist die Pegnitz. Sie gehört in Deutschland zu den schönsten Paddelflüssen.

folgen noch einmal zwei Wehre, bei beiden müssen die Boote raus aus dem Wasser. Wen der Hunger drückt, der landet in Eschenbach an und geht ins Wirtshaus. Sehenswert ist hier das Wasserschloss, das den Hirschbach und die Pegnitz als natürliche Hindernisse nutzt. Seit 1508 ist dieses gut erhaltene Schloss in Familienbesitz. Wieder auf dem Fluss, ist Hohenstadt, das Ziel der Tagestour, bereits zu sehen. Am Campingplatz landen die meisten Paddler an und stellen dort ihre Zelte auf. Gar mancher wacht am nächsten Tag auf und ist sich sicher, dass die Luftmatratze nachts geschwankt hat.

An den wilderen Stellen auf der Pegnitz nimmt das Boot von alleine Fahrt auf und die Kinder haben ihren Spaß dabei.

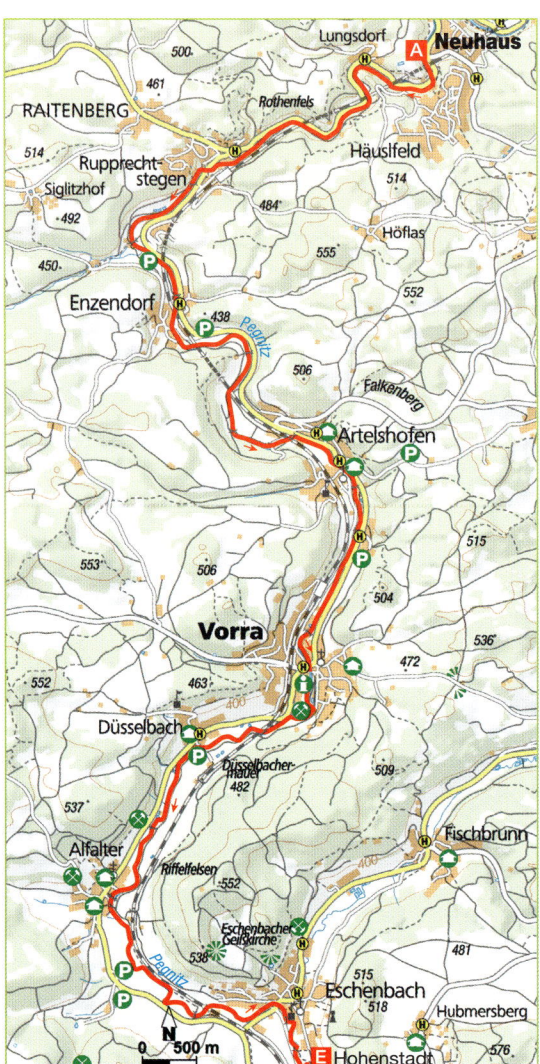

Brombachseen

In der fränkischen Karibik

Sandstrände in Mittelfranken! Das bieten die Brombachseen. Mit den Kindern kann man hier wunderbar baden gehen oder eine Schifffahrt mit dem Trimaran MS Brombach unternehmen. Es fehlen nur noch die Palmen und man fühlt sich wie in der Karibik.

»Den Brombachsee gibt es net!«, klärt mich ein Einheimischer auf. Tatsächlich, es gibt den Großen und den Kleinen Brombachsee. Auch wenn es nur schwer zu glauben ist, diese beliebten Ausflugsziele sind künstlich geschaffen und wurden erst im Jahr 2000 komplett gefüllt. Beim Großen Brombachsee handelt es sich um einen Stausee. Durch diese Talsperre soll sich das Hochwasser besser regulieren lassen und für die Ballungszentren in Nordbayern ist sie ein riesiger Wasserspeicher. Der Radweg um den Großen und Kleinen Brombachsee sowie den Igelsbachsee ist 28

leicht	28 km	10 m	3 Std.

Alter
Ab 6 Jahren

Tourencharakter
Fahrradtour um die Brombachseen

Anfahrt
Auf der A 6 bis zur Ausfahrt Penzendorf, dann weiter auf der B 2 Richtung Roth; auf der B 2 bis Pleinfeld bleiben, dann weiter auf der ST 2222 bis Ramsberg am Großen Brombachsee fahren

Ausgangs-/Endpunkt
Ramsberg

GPS-Daten
49.1175, 10.929167

Einkehr
Landgasthaus Jägerhof in Absberg, die Bucht am Brombachsee und Arche Brombachsee in Pleinfeld, Café-Restaurant Zum Hochreiter und Gasthof Brombachsee in Spalt

Karte
Topographische Karte 1:50 000, Blatt 15 Fränkisches Seenland, Naturpark Altmühltal

Information
Tourismusverband Fränkisches Seenland, Hafnermarkt 13, 91710 Gunzenhausen, Tel. 09831/50 01-20, www.fraenkisches-seenland.de

Kilometer lang und perfekt für Familien. Alles ist topfeben und unterwegs bietet sich immer wieder die Möglichkeit, mit den Kindern zu baden. Außerdem sind die Wege befestigt und gut ausgeschildert. Auch gibt es immer wieder Gelegenheiten, an einem Kiosk oder in einem Biergarten einzukehren. Doch es gibt

Die fränkische Karibik ist ein Urlaubsparadies für Kinder. Hier finden sie schnell Gleichaltrige zum Spielen.

noch ein weiteres Plus für eine entspannte Familienradtour um die fränkische Karibik: die Möglichkeit abzukürzen. Die drei Seen sind künstlich, Staudämme trennen den Igelsbachsee und den Kleinen Brombachsee vom Großen Brombachsee. So kann man jederzeit einfach über diese Dämme abkürzen. Was aber auch noch ganz toll an dieser Radtour ist: Man kann einsteigen, wo man will, es ist nämlich ein Rundweg um die drei Seen. Alles, was man für unterwegs braucht (Regenjacken, Flickzeug und Proviant), passt in eine Radtasche oder einen Tagesrucksack.

Die Attraktion im Großen Brombachsee ist 46 Meter lang und einmalig in Europa. Gut eineinhalb Stunden dauert die Rundfahrt mit der MS Brombachsee. Sofort sind die Kinder begeistert, wenn sie dieses ungewöhnliche Schiff sehen. Es hat nämlich drei Rümpfe und ist ein sogenannter Trimaran. 750 Passagiere kann dieses Schiff mitnehmen. Zum Vergleich: Das Luxuskreuzfahrt-schiff MS Europa ist für 408 Gäste ausgelegt. Die MS Brombach-see legt in Absberg, Allmanddorf, Enderndorf, Pleinfeld und Ramsberg an. Einen besonderen Reiz übt auf die Kinder der glä-serne Aufzug des Schiffes aus. Auf einem Binnensee gibt es in

ganz Europa keinen größeren Trimaran als die MS Brombachsee. Bei der großen Rundfahrt durch die fränkische Karibik gibt es fünf Strände für Familien zu entdecken. Wenn man bei strahlen-dem Sonnenschein dort im weichen Sand liegt, fühlt man sich wie auf Barbados, Grenada oder den Bahamas. Für die Kinder gibt es Spielplätze und die Größeren spielen Beachvolleyball. Wen es selbst auf den See zieht, der leiht sich ein Kanu aus. Was den Stausee zusätzlich besonders macht, sind die Wälder drum herum. Egal ob man mit dem Rad, zu Fuß, im Kanu oder dem Trimaran unterwegs ist: Langeweile kommt am Brombachsee garantiert nicht auf. Aber, Moment mal. Es gibt ihn ja gar nicht, den Brombachsee, sondern den Igelsbachsee, den Kleinen und den Großen Brombachsee. Ein gutes Stück Karibik mitten in Mit-telfranken!

Leinen los auf den Brombachseen! Langeweile hat hier keine Chance.

18 Altmühlradweg

Alles im Fluss

leicht · 255 km · 300 m · 3–5 Tage

Alter
Ab 8 Jahren

Tourencharakter
Mehrtagesradtour am Fluss

Anfahrt
Auf der A 7 Würzburg–Ulm bis zur Ausfahrt Nr. 108 Rothenburg/Tauber und der Beschilderung folgen

Ausgangspunkt
Rothenburg ob der Tauber

Endpunkt
Kelheim

GPS-Daten
49.376944, 10.178056

Einkehr
Unterwegs gibt es genügend Einkehrmöglichkeiten

Karte
Radwanderkarte 1:50 000, Altmühltal-Radweg

Information
Tourismusverband Romantisches Franken, Am Kirchberg 4, 91598 Colmberg, Tel. 09803/941 41, www.romantisches-franken.de

Eine Radtour führt uns von der Quelle der Altmühl bei Rothenburg ob der Tauber bis nach Kelheim, wo die Altmühl in die Donau mündet. Bis auf wenige Ausnahmen gibt es bei dieser 250 Kilometer langen Tour keine Steigungen.

»Ja, sind wir hier in Tokio oder Peking?«, fragt sich mancher, der mit dem Fahrrad in Rothenburg ob der Tauber startet. In dieser mittelalterlichen Stadt sind wahrlich viele asiatischen Touristen unterwegs. Sie fotografieren die alte Wehrmauer und die Fachwerkhäuser. Auf der Frankenhöhe entspringt die Altmühl, bevor sie ihre 227 Kilometer lange Reise bis zur Donau zurücklegt. Wo die Altmühl entspringt, darüber streiten sich die Geografen. Bei Erlach gibt es eine gefasste Quelle, an der die Tafel »Ursprung der Altmühl« steht, für andere entspringt sie aus dem Hornauer

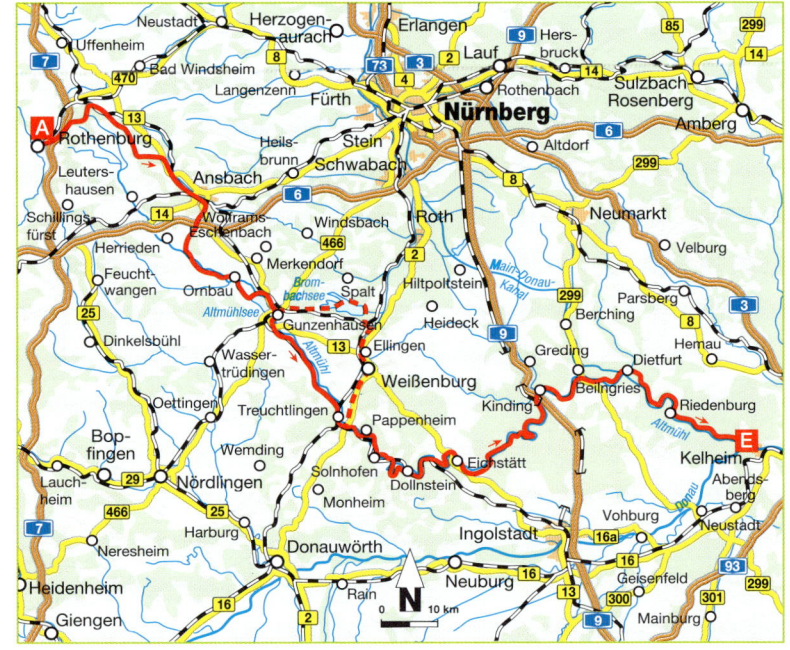

Weiher. Wir folgen mit den Fahrrädern dem gut ausgeschilderten Altmühlradweg. Zwischen Neusitz und Wachsenberg geht es den längsten Anstieg hinauf. Ist diese Passage gemeistert, dann geht es bergab. Weiter radeln wir durch den Naturpark Frankenhöhe und sehen bald die trotzige Burg Colmberg. Über Lehrberg geht es nach Ansbach, wo die erste Etappe endet. Am nächsten Tag warten etwa 80 Kilometer auf die Radler. Auch hier geht es anfänglich leicht bergauf. Bald kommt der Altmühlsee, an dem es sich lohnt, mit den Kindern eine Pause einzulegen. Seltene Vögel gibt es hier zu beobachten oder die ganze Familie geht einfach baden. Dann geht es weiter zum nächsten Etappenziel in Treuchtlingen. Der Ortskern beeindruckt mit seinen historischen Bauten wie dem Stadtschloss und der Oberen Veste. Vor allem diese Ruine gefällt den Kindern. Am nächsten Tag folgen wir der Altmühl nach Solnhofen, wo die bekannten Kalkplatten herkommen. Hier gibt es den Hobbysteinbruch

»Untere Haardt«, wo die ganze Familie mit Hammer und Meißel nach Versteinerungen suchen kann. Nach Solnhofen radeln wir an den Zwölf Aposteln vorbei, so nennen die Einheimischen eine auffällige Felsformation. Bald haben wir Eichstädt erreicht. Hier lohnt sich ein Besuch der barocken Innenstadt und der Willibaldsburg, in der ein lebendes Museum mit Aquarien untergebracht ist. Um den Dom und bei der Bischofsresidenz kann man erahnen, was für eine Macht die Fürstbischöfe früher hatten. Nun folgt die letzte Etappe. Von Eichstätt geht es über Arnsdorf und Pfraundorf nach Dietfurt. Weiter geht es immer am Main-Donau-Kanal entlang nach Riedenburg, wo über dem Ort die Rosenburg mit einer Falknerei thront. Die letzten 15 Kilometer geht es immer flach dahin. Beeindruckt sind die Kinder von der Holzbrücke bei Essing. Sie ist die längste in Europa. Bald sind die ersten Häuser von Kelheim zu sehen. Hier endet die Tour. Auf dem Altmühlradweg haben die Kinder eine Menge Eindrücke gewonnen und sind etliche Kilometer gestrampelt.

Der Altmühltalradweg folgt dem Fluss von der Quelle bis nach Kelheim.

19 Greifvögel über dem Altmühltal

Schloss Rosenburg

leicht – – –

Alter
Ab 2 Jahren

Tourencharakter
Besichtigung der Burg und
Flugvorführung

Anfahrt
Auf der A 9 bis zur Ausfahrt
Denkendorf; weiter bis Rieden-
burg fahren und dort der Be-
schilderung Richtung Falkenhof
Schloss Rosenburg folgen

Ausgangs-/Endpunkt
Schloss Rosenburg

GPS-Daten
48.960669, 11.679869

Öffnungszeiten
Von 19. März bis 16. Oktober
Di bis So 9–17 Uhr, letzter Einlass 16.30 Uhr, Flugvorführungen täglich außer Mo 11 Uhr
und 15 Uhr

Preise
Erwachsene 8 €, Kinder 5 bis
15 Jahre 5 €

Einkehr
Gaststätten in Riedenburg

Information
Falkenhof Schloss Rosenburg,
93339 Riedenburg,
Tel. 09442/27 52,
www.falkenhofrosenburg.de

Über Riedenburg kreisen die Geier, ein Anblick, an den sich die Bürger dort gewohnt haben. Denn auf Schloss Rosenburg gibt es seit 1978 eine Falknerei. Zweimal am Tag finden hier Flugvorführungen mit den edlen Tieren statt.

Da kommt er angeschossen. Im Sturzflug rast der Sakerfalke auf die Menschenmenge zu. Die Flügel nah am Körper, sieht der Greif wie ein modernes Kampfflugzeug aus. Unten recken die Kinder und Erwachsenen die Köpfe nach diesem kleinen, wage- mutigen Flugkünstler. Bis vor wenigen Minuten saß der Vogel auf einer Stange an der Burgmauer. Auch Adler erheben sich auf Schloss Rosenburg bei Riedenburg in die Lüfte. Doch Adler ist nicht gleich Adler. Es gibt hier den Steinadler, den Weißkopfsee- adler, den Kaiseradler, den Schreiseeadler und noch andere Arten. Auch das lernen hier die Kinder und Erwachsenen: wie vielfältig die Greifvögel sind. Ein Wort hören die Falkner alles

Achtung: Auf Schloss Rosenburg
fliegen die Greifvögel tief!

andere als gerne: Raubvögel. Das erklären sie auch während der Flugvorführung. Für die Zuschauer ist es beeindruckend zu sehen, wie elegant und rasend schnell diese Tiere durch die Luft

segeln. Während der Flugschau erklären die Falkner wichtige Details zu ihren gefiederten Kollegen. Eine Frage, welche die Kinder beschäftigt, ist, warum die Falken immer wieder zu den Menschen zurückkehren. Denn eigentlich sind die Greifvögel frei. Hier beginnt die hohe Kunst der Falknerei. Was die Kinder auch lernen: Wenn ein Greifvogel sich in die Luft erhebt, dann tut er dies nicht, weil er so gerne fliegt. Es geht um sein Überleben. Ein Greif rechnet immer, ob es sich für ihn lohnt, aufzusteigen, denn das Fliegen ist für den Vogel anstrengend. Kurzweilig ist für die Zuschauer die Flugvorführrung. Vor allem die Kulisse an den Mauern von Schloss Rosenburg machen das Ganze zu einem besonderen Erlebnis. Teilweise über die Köpfe des Publikums fliegen die Greifvögel dahin. Beeindruckt sind

die Kinder sowie die Erwachsenen auch von den Geiern. Bis zu zwei Meter und siebzig Zentimeter kann die Spannweite eines Gänsegeiers betragen. Wenig elegant hüpft der Geier, nachdem er gelandet ist, über den Rasen und holt sich seine Belohnung. Während die Vögel in der Luft kreisen, erklären die Falkner dem Publikum, was die Besonderheiten dieser Tiere sind, wo sie leben und wie sie jagen. Nach der Flugschau bewundern die Kinder ihre gefiederten Stars. Wer möchte, kann das Burgmuseum besuchen, es ist im Eintrittspreis inklusive. Dort gibt es Ausstellungsstücke zur Falknerei zu sehen, auch ausgestopfte heimische Tiere, und die Besucher erfahren einiges über die Geschichte der Burg. Die ist, wie bei so vielen mittelalterlichen Festungen, wechselvoll. Es lohnt sich, immer wieder aus den Fenstern von Schloss Rosenburg hinunter ins Altmühltal zu blicken – ein Ausblick, wie ihn sonst nur die Greifvögel haben.

Den majestätischen Greifvögeln kommen die Kinder auf dem Falknerhof richtig nahe.

20 Könige, Kelten, Kirche

Von Kelheim nach Weltenburg wandern

leicht	5,6 km	130 m	1.30 Std.

Alter
Ab 5 Jahren

Tourencharakter
Leichte Wanderung

Anfahrt
Auf der A 93 bis Ausfahrt Abensberg und weiter auf der B 16 bis Kelheim

Ausgangs-/Endpunkt
Kelheim; Ende der Wanderung am Kloster Weltenburg, Rückfahrt mit dem Schiff nach Kelheim

GPS-Daten
48.918412, 11.886563

Einkehr
Klosterschänke Weltenburg, diverse Gaststätten in Kelheim

Karte
Topographische Karte 1:50 000, Blatt 7136 Kelheim

Information
Tourismusverband im Landkreis Kelheim e. V., Donaupark 13, 93309 Kelheim, Tel. 09441/207-73 30, www.tourismus-landkreis-kelheim.de

Der Donaudurchbruch ist spektakulär – vom Ausflugsschiff aus betrachtet. Doch wenn man mit den Kindern dorthin wandert, bekommt man noch einige Eindrücke zusätzlich. Außerdem gibt es die Befreiungshalle und Keltenschanzen zu sehen. Mit einem schmalen Holzboot geht es über die Donau zum Kloster Weltenburg.

Was haben Rom und das Kloster Weltenburg gemeinsam? Viele Wege führen dorthin. Ich selbst bin auf über fünf verschiedenen Routen hierhingekommen. Genau genommen handelt es sich um eine Abtei, die sich am Eingang des Donaudurchbruchs auf einer Halbinsel in den Fluss schiebt. Die Rennstrecke der Touristen führt von Kelheim an der Donau entlang und in einem Anstieg zum Höhenrücken. Wir umgehen das Ganze und nehmen

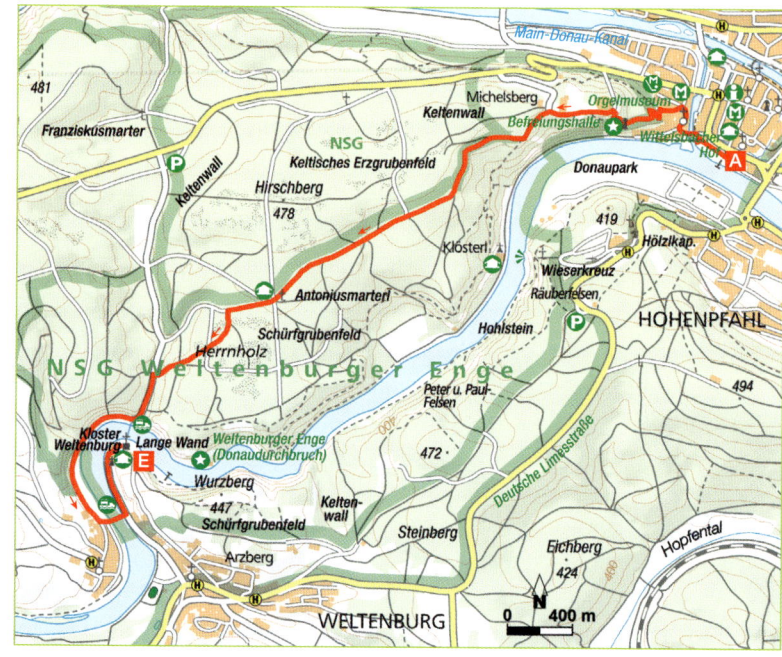

noch einige Sehenswürdigkeiten mit. Über dem niederbayerischen Kelheim erhebt sich die Befreiungshalle. König Ludwig I. ließ dieses etwas seltsame Gebäude errichten. Dorthin führt uns der Weg nach Weltenburg. In Kelheim geht es am Römerturm vorbei. Am Brauereigasthof führt die Straße steil bergauf in den Wald zur Befreiungshalle. Oben ist ein Plateau, auf dem beeindruckend die Befreiungshalle emporragt. Sie erinnert an die Befreiungskriege gegen Napoleon. Im Inneren stehen Siegesgöttinnen, die Schilde zu den wichtigen Schlachten der napoleonischen Kriege in den Händen halten. Für Kinder eher weniger prickelnd, doch es gibt einen Trick! Die Knilche sollen sich möglichst in die Mitte stellen und schnell um die eigene Achse drehen, dabei immer die Siegesgöttinnen im Auge behalten. Plötzlich sieht es aus, als ob diese Steinfiguren Breakdance tanzen. Der einzige Grund, in die Befreiungshalle zu gehen, ist der Ausblick, den man von diesem Denkmal hat. Wir gehen weiter geradeaus zum Parkplatz der Befreiungshalle und passieren da-

Das Kloster Weltenburg ist ein lohnendes Ziel für eine Wanderung. Am Kiesstrand können die Kinder spielen und mit dem Ausflugsdampfer geht es zurück.

bei die Ausflugsgaststätte. Nun folgen wir dem Weg mit dem roten Quadrat in den Wald. Hier stand einst das keltische Oppidum Alkimoennis. Gesichert war es durch drei Wälle. Unterwegs im Wald informieren Infotafeln über das rätselhafte Volk der Kelten. Wir folgen dem Weg durch den Mischwald. Eben geht es dahin. Bald müssen wir zur Donau absteigen und erreichen dort eine kleine Straße im Wald, die zum Ufer führt. Dort bringt uns eine Zille, so nennen die Einheimischen diese kleinen, schmalen Holzboote, über die Donau. Auf der anderen Uferseite befindet sich, je nach Wasserstand, ein wunderbarer Kiesstrand. Die Kinder haben unglaublichen Spaß daran, hier Kanäle zu bauen oder die flachen Kiesel über die Donau springen zu lassen. Unbedingt sollte man sich die Abtei ansehen. Zwei besondere Künstler, die Brüder Asam, haben diese wunderbare Klosterkirche gestaltet. Vorne am Hochaltar steht der Heilige Georg als silberner Reiter. Außerdem wirkt die Decke der Klosterkirche, als ob sie nach unten hängen würde. Nun folgt ein Geheimtipp! Wandert man rechts an der Kirche vorbei bergauf, findet man eine kleine Wallfahrtskapelle mitten auf einer Wiese. Dahinter sind, für die Kinder auch interessant, die Grundmauern eines Minikastells der Römer zu sehen. Zurück geht es mit dem Ausflugsdampfer. Besonders an Wochenenden in den Ferien bilden sich hier lange Warteschlangen für die Fahrt durch den Donaudurchbruch. Etwa 40 Minuten dauert die Fahrt nach Kelheim zurück. Bereits 1840 stellte Ludwig I. von Bayern dieses 5,5 Kilometer lange Stück der Donau als Naturdenkmal unter Schutz. Bis zu 80 Meter, so hoch wie die Türme des Salzburger Doms, sind die Felsen, durch die sich die Donau zwängt. Unterwegs gibt es auch die mächtigen Bronzeringe zu sehen, an denen die Römer eine Hängebrücke über die Donau befestigten. Für die Kinder ist diese Schifffahrt ein absoluter Höhepunkt dieses Tages. Wenn sie in Kelheim von Bord gehen, dann grinsen sie ganz zufrieden.

An der Befreiungshalle vorbei führt der Weg zum Kloster Weltenburg.

Rechte Seite: Der Donaudurchbruch mit seinen 80 Meter hohen Felsen beeindruckt die Kinder ebenso wie die Eltern.

Preiswertes Basislager: Jugendherbergen in Franken

Jugendherberge Hof/Saale
Beethovenstr. 44
95032 Hof/Saale
Tel. 09281/932 77
www.jugendherberge-hof.de

Fit drauf Jugendherberge Wunsiedel
Am Katharinenberg 4
95632 Wunsiedel
Tel. 09232/915 60-0

Jugendherberge Wirsberg
Sessenreuther Straße 31
95339 Wirsberg
Tel. 09227/6432
www.jh-wirsberg.de

Jugendherberge Bayreuth
Universitätsstr. 28
95447 Bayreuth
Tel. 0921/764 38-0

Jugendherberge Hartenstein
Salzlecke 10
91235 Hartenstein
Tel. 09152/12 96

Jugendherberge Nürnberg
Burg 2
90403 Nürnberg
Tel. 0911/23 09 36-0

Jugendherberge Forchheim »Don Bosco«
Don-Bosco-Straße 4

In diesem schönen Fachwerkhaus befindet sich die Jugendherberge Rothenburg ob der Tauber.

91301 Forchheim
Tel. 09191/70 71-0
www.donbosco-forchheim.de

Jugendherberge Bamberg
»Am Kaulberg«
Unterer Kaulberg 30
96049 Bamberg
Tel. 0951/29 95 28 90

Jugendherberge Königsberg
Schloßberg 10
97486 Königsberg
Tel. 09525/237

Jugendherberge Schweinfurt
Niederwerrner Str. 17 1/2
97421 Schweinfurt
Tel. 09721/214 04

Jugendherberge Bad Kissingen
»Der Heiligenhof«
Alte Euerdorfer Str. 1
97688 Bad Kissingen
Tel. 0971/71 47-0
www. heiligenhof.de

Jugendherberge Würzburg
Fred-Joseph-Platz 2
97082 Würzburg
Tel. 0931/46 77 86-0

Jugendherberge Burg Rothenfels
Bergrothenfelser Straße 71
97851 Rothenfels
Tel. 09393/99 99-9

Jugendherberge Lohr
Brunnenwiesenweg 13
97816 Lohr
Tel. 09352/24 44

Jugendherberge Rothenburg ob der Tauber
Mühlacker 1
91541 Rothenburg ob der Tauber
Tel. 09861/94 16-0

Jugendherberge Feuchtwangen
Dr.-Hans-Güthlein-Weg 1
91555 Feuchtwangen
Tel. 09852/670 99-0

Turm Luginsland der Kaiserburg in Nürnberg

Jugendherberge Dinkelsbühl
Koppengasse 10
91550 Dinkelsbühl
Tel. 09851/55 56-417
www.jugendherberge-dkb.de

Jugendherberge Gunzenhausen
am Altmühlsee
Spitalstraße 3
91710 Gunzenhausen
Tel. 09831/67 02-0

Jugendherberge Burg Wernfels
Burgweg 7–9
91174 Spalt
Tel. 09873/97 61 20

Mit den Kindern Oberbayern entdecken:
Seen, Burgen und Berge

Oberbayern

Wikinger, Dinosaurier und Märchen warten auf die Kinder

Outdoor-Abenteuer Wandern

Packliste für die Erste Hilfe

Bei Outdoor-Aktivitäten kann es sehr schnell zu kleineren Verletzungen kommen: Mal rutscht ein Kind beim Wandern aus, schneidet sich mit dem Taschenmesser, bekommt Verdauungsprobleme auf der Hütte oder steckt sich am Zeltplatz mit Fieber an. Wer hier eine gute Reiseapotheke dabei hat, kann schnell Erste Hilfe leisten.

- Pflaster in verschiedenen Größen (sehr gut kommen bei Kindern im ersten Schreck spezielle Kinderpflaster an)
- Elastische Binden (bei Verstauchungen)
- Blasenpflaster
- Mullbinden
- Schmerztabletten
- Wundsalbe
- Zeckenzange oder Pinzette
- Desinfektionsspray
- Medikament gegen Durchfall
- Fieberzäpfchen
- Mückenschutzmittel
- Salbe für Insektenstiche
- Gel oder Franzbranntwein gegen Muskelkater
- Überlebensdecke (wiegt wenig, nimmt fast keinen Platz weg und ist multifunktionell)

Übernachten in der DAV-Hütte

320 Berghütten gehören zum Deutschen Alpenverein. Gebaut wurden die Alpenvereinshütten, um den Bergsteigern die Touren zu erleichtern und keinesfalls als Hotels in den Bergen. Entsprechend einfach sind die meisten Hütten eingerichtet. Bevor man aufsteigt, ist es wichtig, telefonisch die Schlafplätze zu reservieren. Das Schild »Familien willkommen; mit Kindern auf Hütten« zeigt uns, dass wir hier richtig sind. Der ÖAV, der AVS und der DAV kennzeichnen damit Berghütten, die besonders familienfreundlich sind und bestimmte Standards einhalten.

Grundsätzlich sind die Alpenvereinshütten in zwei Kategorien eingeteilt. Bei Hütten der Kategorie I handelt es sich um Schutzhütten im ursprünglichen Sinn. Deshalb sind diese Häuser auch einfach ausgestattet und die Verpflegung ist rustikal. Gedacht sind diese Hütten als Stützpunkte für Alpinisten, es kann auch sein, dass es dort kein Warmwasser und keine Duschen gibt. Hütten der Kategorie II haben in beliebten Gebieten eine wichtige Funktion als Stützpunkt. Manche sind unter einer Stunde Aufstieg erreichbar und deshalb ideal für Familien mit kleinen Kindern. Auf einige dieser Hütten kommt man auch mit der Seilbahn. Wer sich mehrere Tage intensiv in den Bergen aufhalten will, der übernachtet auf einer solchen Hütte. Ausgestattet sind diese komfortabler und auch das Essen ist reichhaltiger. Je nach Hütte gibt es Matratzenlager, Mehr- oder Zweibettzimmer.

Für eine Übernachtung auf einer DAV-Hütte sollte man Folgendes unbedingt im Gepäck haben:

- Für jeden aus der Familie einen Hüttenschlafsack
- Bargeld; auf den meisten Hütten ist keine Kartenzahlung möglich
- Stirnlampe; wenn nachts eines der Kinder aufs Klo muss, findet es damit leichter den Weg
- Ohrstöpsel, denn manche Bergsteiger neigen zum Schnarchen

- Handtücher, Zahnbürste und Zahncreme
- Einen kleinen Müllsack, damit man die Abfälle wieder vom Berg mitnehmen kann

Der passende Rucksack

Deuter, die bayerische Rucksack- und Schlafsackmarke, gibt es seit 1898. Damals stellte das Unternehmen Säcke sowie Beutel für die

optimal, die Rückenlänge ist kleiner und auf das Kind abgestimmt, der Rucksack hat Reflektoren, damit Kinder immer gesehen werden.

Eine Frage, die viele Eltern beschäftigt, ist, wie viel Gewicht ein Kind am Rücken tragen darf? Gibt es dafür eine »Faustformel«?

Das ist immer vom Kind abhängig, ein Schulrucksack hat sicherlich ein höheres Gewicht als wenn man als Familie einen Tagesausflug

Das Wandern ist der Kinder Lust, wenn sie richtig ausgerüstet sind.

königlich bayerische Post her. Später kamen Zelte und Rucksäcke hinzu. Wir haben bei diesen Fachleuten wertvolle Tipps eingeholt.

Ab wann können die Kinder ihren eigenen Rucksack tragen?

Deuter: Wir würden hier empfehlen ab dem Kindergartenalter, vorausgesetzt das Kind möchte seinen eigenen Rucksack haben.

Woran erkennen Eltern einen hochwertigen Kinderrucksack?

Die Schließen sind durch Kinderhände zu öffnen, Träger passen bei den Kinderschultern

macht und das Kind nur einen Rucksack für den Ausflug trägt. In einem Kinderrucksack für einen Tagesausflug sollte ein Getränk, eine Brotzeit, eine Regenjacke und notfalls Handschuhe und Mütze Platz haben.

Braucht ein Kinderrucksack einen Hüftgurt?

Sobald das Kind mit dem Rucksack auf dem Fahrrad oder in unwegsamem Gelände unterwegs ist, empfehlen wir einen Hüftgurt. Nach unserer Erfahrung benützen Kinder im Kindergarten- oder Schulalltag eher selten einen Hüftgurt.

21 Altmühltal

Hammer und Meißel: Fossilien selbst ausgraben

leicht   –   –   –

Alter
Ab 5 Jahren

Tourencharakter
Fossiliensuche mit Hammer und Meißel im Steinbruch

Anfahrt
Aus Richtung Ingolstadt der B 13 in Richtung Weißenburg folgen, an der »Wegscheid« links abbiegen und der Beschilderung zum Steinbruch folgen

Ausgangs-/Endpunkt
Fossiliensteinbruch Blumenberg

GPS-Daten
48.890631, 11.152410

Öffnungszeiten
25. März bis 30. Oktober täglich 10–17 Uhr

Preise
Erwachsene 3 €, Kinder und Jugendliche 1,50 €, Familienkarte (2 Erwachsene und bis maximal vier Kinder und Jugendliche bis 18 Jahre) 6 €; Werkzeug lassen sich am Kiosk gegen 1,50 € plus Pfand entleihen.

Einkehr
Diverse Gaststätten in Eichstätt

Information
Informationszentrum Naturpark Altmühltal, Notre Dame 1, 85072 Eichstätt, Tel. 08421/98 76-0, www.naturpark-altmuehltal.de

Eine mehrere Millionen Jahre alte Meeresschnecke freilegen oder einen Seeigel aus dem Urmeer aus dem Gestein klopfen. Das ist im Altmühltal an vier Orten für die ganze Familie möglich. Hammer und Meißel lassen sich auch ausleihen, und schon geht's auf Fossilienjagd.

Dinosaurier ziehen bei den Kindern immer. Eine solche Urechse finden wir bei der Suche nach Fossilien im Altmühltal wahrscheinlich nicht, aber dafür viele andere interessante Urtiere. Um mit den Kindern die Zeitreise in die Ära der Dinosaurier anzutreten, braucht man wenig. Hammer, Meißel, Sonnenschutz, Mützen, Essen und Trinken – und los geht's auf die Jagd nach Fossilien. Sieben Kilometer hinter Solnhofen im Altmühltal, da hören wir es hämmern. Hier ist nicht das Welt-Spechte-Treffen, sondern der Fossiliensteinbruch Mühlheim. Von Ende März bis Mitte November ist dieser Steinbruch täglich geöffnet. Mit etwas Geduld lassen sich hier auf gut 6000 Quadratmetern Schutt versteinerte Pflanzen finden. Besonders beliebt bei den Kindern sind die fossilen Fische. Das Werkzeug fürs Steineklopfen leiht man sich vor Ort aus. Die Funde stammen aus der Zeit des Jura vor 150 Millionen Jahren. Damals bedeckte ein karibisch warmes Jurameer das heutige Altmühltal. Expertentipps zum Suchen und Freilegen geben die Fachleute vor Ort. Sie bestimmen auch gerne unsere Funde und sagen, was wir da freigelegt haben. Auf dem Gelände gibt es auch einen Steinbruchlehrpfad.

Kostenlos ist der Besuch der Fossiliensammelstelle Titting. Der Platz wirkt wie ein riesiger Sandkasten, der statt mit Sand mit Kalkbruchsteinen gefüllt ist. Im Sommer ist es gut, einen Sonnenschirm mitzunehmen, dann klopfen die Kinder leichter und müssen weniger schwitzen. Diese Fundstelle ist das ganze Jahr über frei zugänglich und befindet sich oberhalb von Titting. Bei der Tourist-Info gibt es die Möglichkeit, Hammer und Meißel auszuleihen. Dort erklären die freundlichen Mitarbeiter auch den Weg zur Fossiliensammelstelle Am Galgenberg. Klopfen muss man die Bruchsteine allerdings selbst. Das ist eine recht staubige Angelegenheit. Wer kleinere Fossilien findet, darf sie mitnehmen. Saurierknochen oder versteinerte Urzeit-Haie kommen ins Museum. Die passen aber ohnehin nicht in den Kofferraum des Autos. Ein weiterer Pluspunkt bei diesem kostenlosen Fossiliensammeln: Hier sind auch andere Familien am Klopfen, und so haben die Kinder schnell neue Spielkameraden.

Ein Allosaurus begrüßt die Fossiliensucher am Fossiliensteinbruch am Blumenberg bei Eichstätt. Vier Meter fünfzig lang ist diese Urechse gewesen und lebte vor 150 Millionen Jahren. Damals entstand auch der Kalk beim Steinbruch am Blumenberg. Die Kinder sehen sofort, dass der Allosaurus mit dem Tyrannosaurus Rex verwandt ist. Ein weltbekannter Fund vom Blumenberg ist der versteinerte Urvogel Archäopteryx. Bevor man mit den Kindern nach Versteinerungen sucht, geht man am besten in das nahe gelegene Museum Bergér. Hier gibt es beeindruckende Fossilien aus dem Altmühltal zu sehen. Vor allem Ammoniten sind hier im Fossiliensteinbruch Blumenberg zu finden. Für alle,

Selbst gefunden! Fossilien legen die Kinder im Altmühltal frei.

die eine Pause vom Steineklopfen brauchen, gibt es einen Kiosk, an dem man sich das Werkzeug ausleihen kann, oder einen Spielplatz.

Ein weiterer Ort, an dem man Millionen Jahre alte Versteinerungen finden kann, ist der Steinbruch in Schamhaupten. Vom 1. April bis zum 31. Oktober ist dieser geöffnet und man darf dort kostenlos jeden Stein umdrehen oder klopfen. Leider fehlt hier der Werkzeugverleih, bringt also bitte Hammer und Meißel selbst mit. Nun können wir loslegen und die Schiefer- sowie Kalkplatten spalten. Interessant ist auch der Fossilienlehrpfad, der sich hier befindet.

Ein Archäopteryx findet sich eher selten, dafür aber versteinerte Schnecken und Muscheln.

Rechts: Eine tolle Ausbeute nach dem Besuch eines öffentlichen Fossilienplatzes bei Eichstätt.

Rechte Seite: Diesen grandiosen Ausblick haben die Wanderer am Herzogstand.

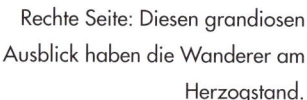

Herzogstand

Raufgondeln oder volles Programm

22

Größere Kinder und Jugendliche suchen die Herausforderung, auch in den Bergen. Mit ihnen kann man auf den Herzogstand steigen. Jüngere Outdoorer fahren mit der Seilbahn hinauf und haben dort oben eine königliche Rundwanderung vor sich. Schließlich wusste der »Kini«, wo Bayern am schönsten ist.

Schwer ist es schon beim Losgehen, der Versuchung zu widerstehen. An der Talstation der Herzogstandbahn fällt bei manchen Wanderern der Kopf ins Genick, wenn sie sich den steil aufragenden Berg ansehen, und sie fragen sich ernsthaft, ob sie dort hinauf gehen wollen. Eltern mit kleineren Kindern sind besser beraten, sich Fahrscheine für die Seilbahn zu kaufen. Selbst mit der Kindertrage auf dem Rücken ist der Aufstieg zum Herzog-

schwer	15 km	840 m	2.30 Std.

Alter
Ab 10 Jahren

Tourencharakter
Bergwanderung auf gut ausgebauten Pfaden

Anfahrt
Auto: Auf der A 95 bis Ausfahrt Murnau, dann weiter Richtung Kochel; hier auf die B 11 und über den Kesselberg Richtung Mittenwald zum Walchensee fahren, dort ist die Herzogstandbahn ausgeschildert. Bahn/Bus: Mit der Bahn bis Kochel fahren, von dort aus fährt der RVO-Bus 9608 zur Talstation

Ausgangs-/Endpunkt
Parkplatz Talstation Herzogstand

GPS-Daten
47.596389, 11.316111

Einkehr
Berggasthaus Herzogstand, täglich ab 9.15 Uhr ohne Ruhetag geöffnet, Tel. 08851/ 234, www.berggasthaus-herzogstand.de

Karte
Kompass 1:50 000, Blatt 5 Wettersteingebirge, Zugspitzgebiet

Information
Tourist-Info Kochel am See, Tel. 08851/338, www.walchensee.de

stand eine Tortur – für Eltern und Kinder. Wer vernünftig ist, geht nach links und holt sich einen Fahrschein für die Gondel. Wer größere und konditionsstarke Kinder hat, der marschiert in den Wald und packt diesen majestätischen Berg zu Fuß. Trekkingstöcke sollten dabei sein, das GPS-Gerät kann im Auto bleiben, denn der Wanderweg ist perfekt ausgeschildert. Wenn es am Herzogstand stärker geregnet hat, können Muren den eigentlichen Weg versperren. Damit wir nicht unfreiwillig umdrehen müssen, weil der Aufstieg unpassierbar ist, sehen wir uns vor dem Abmarsch die Infotafel an der Talstation an. Am Ende des Parkplatzes geht es am Wanderweg richtig steil los. Auf den ersten 400 Höhenmetern fließt Schweiß, so wie das Bier bei den Herzogstandhäusern, nämlich reichlich. Bei diesem Weg ist es wichtig, dass die Kinder ebenso wie die Erwachsenen optimal ausgerüstet sind. Nach einer halben Ewigkeit flacht der Weg endlich ab. Wir überwinden einen breiten Graben, und das ist für die Kinder ein Abenteuer. Nun kommen Passagen, an denen der Weg in den Felsen gesprengt ist. Deshalb sollte man sich auch nur mit Kindern ab acht Jahren auf diesen Weg machen. Aber keine Sorge, diese Stellen sind mit Drahtseilen gesichert. Steile Serpentinen führen uns hinauf. Spätestens jetzt wissen wir, warum Trekkingstöcke so sinnvoll sind. Die Waden brennen, so wie der wertvolle Bergwald am Herzogstand. 1990 warf hier ein Jugendlicher einen Feuerwerkskörper aus der Seilbahn und verursachte einen Waldbrand. Als 2011 zwei Männer im Wald grillten, gab es einen Funkenflug und etwa zwölf Hektar, das sind 16 Fußballfelder, brannten ab. Da ist es schon weniger schlimm, wenn den Bergsteigern die Waden brennen. Nun verengt sich der Weg zwischen Latschenkiefern. Wir wandern auf die Fahrenberg-Kapelle zu und haben in zehn bis 15 Minuten die Herzogstandhäuser erreicht. Plötzlich stehen wir ihm gegenüber – dem Kini! Nun wollen die Kinder wissen, was es mit Ludwig II. auf sich hat. Er ist der Welt entrückt. So wie der Blick von seiner Bronzebüste.

Wir folgen dem Weg zu den Herzogstandhäusern. Vor dem Berggasthof steigt uns der Duft von Schweinebraten oder Bratwürsten mit Sauerkraut und süßem Senf in die Nase. Außerdem haben sich die Kinder ein Eis verdient. Wer so toll aufsteigt, hat sich eine Belohnung verdient. Kaum zu übersehen ist der Schilderbaum. Alle, die mit der Gondel heraufgefahren sind, haben hier die Möglichkeit für kleine, aber feine Touren. Links geht es zwanzig Minuten auf den Martinskopf hoch, der einen unglaublichen Blick über den Walchensee bietet. Oder man wandert mit den Kindern geradeaus weiter und erreicht in 45 Minuten den Herzogstand. Steil führen die Serpentinen hinauf. Oben wartet der markante Gipfelpavillon. An sonnigen Wochenenden geht es hier zu wie am Stachus. Kein Wunder, denn die Mehrheit der Bergsteiger kommt aus München. Um auf den Heimgarten zu kommen, ist Bergerfahrung sowie Schwindelfreiheit erforderlich, ansonsten ist das Grat dorthin zu gefährlich. Vom Herzogstand geht es nun zurück zum Berggasthof. Auf der Sonnenterrasse erfreuen wir uns an der Panoramaaussicht. Wer möchte und stark genug ist, der steigt über denselben Weg hinunter zum Parkplatz. Alle anderen lassen sich hinuntergondeln.

Was für ein königlicher Ausblick vom Herzogstand auf den Walchensee!

23 Walchensee
Wikinger in Oberbayern

schwer   20,74 km   –   6–7 Std.

Alter
Ab 10 Jahren

Tourencharakter
Paddeltour auf dem Walchensee

Anfahrt
Auf der A 95 München–Garmisch-Partenkirchen bis zur Ausfahrt Nr. 10 Murnau/Kochel und von dort über Kochel weiter nach Walchensee

Ausgangs-/Endpunkt
Einsiedl

GPS-Daten
47.571111, 11.305000

Einkehr
Seestüberl, Seestraße 62, 82432 Walchensee, Zum Schwaigerhof, Seestraße 42, 82432 Walchensee

Karte
Kompass 1:25 000, Blatt Walchensee – Kochelsee – Sylvensteinstausee

Information
Tourist-Info Walchensee, Ringstraße 1, 82432 Kochel am See, Tel. 08858/411, www.walchensee.de

Der Walchensee ist schon etwas Besonderes. Im Gegensatz zu vielen anderen bayerischen Seen ist er überall am Ufer frei zugänglich. Wer hier mit den Kindern eine Paddeltour unternimmt, sollte auch im Wikingerdorf anlegen.

»Da vorne ist das Wikingerschiff!«, krakeelen die Kinder vor lauter Glück. Tatsächlich, am Ufer des Walchensees zeichnet sich klar ein markantes Drachenboot ab, wie es die Wikinger gefahren haben. Doch warum liegt es hier mitten in den bayerischen Bergen? Sollten sich die wilden Nordmänner auf einer ihrer Kaperfahrten verfahren haben? Das Rätsel lässt sich ganz einfach lösen. Bully Herbig drehte 2008 Teile seines Spielfilms »Wicki und die starken Männer« am Walchensee. Die Berge im Tölzer Land dienten als Kulisse für die Fjordlandschaft in Skandinavien. Hätten Sie es gemerkt? Auch den zweiten Teil seiner Wicki-Filme drehte der Münchner Schauspieler am Walchensee. Fünf Hütten des Wikingerdorfs gibt es seitdem an diesem unberührten bayerischen Bergsee. Für echte Wicki-Fans ein Muss. Der Eintritt ist, was für ein Wunder, kostenlos! Wer die Führung mitmachen will, sie findet einmal pro Woche statt, zahlt dafür eine kleine Gebühr. Die Kinder sind im Wikingerdorf glücklich. Auch wenn es sich um eine Filmkulisse handelt, die Erbauer legten größten Wert auf Echtheit. Anstatt aus Plastik sind die Wikingerhäuser aus Holz gefertigt und den früheren Behausungen der Skandinavier detailgetreu nachempfunden. Doch wer sich als richtiger Wikinger fühlen will, der muss auch zur See fahren. Am besten auf dem Walchensee. Hier kann man Kanus mieten und auf diesem Gewässer gibt es keine Motorboote oder Ausflugsdampfer. Wer mit den Kindern den See einmal umrunden will, plant diese Aktion als Tagestour ein. Eines sollte man am Walchensee bedenken: Zur Mittagszeit treten hier immer wieder thermische Winde auf. Das freut die Segler, Surfer und Kiter, aber für die Paddler kann es richtig anstrengend werden, gegen den Wind anzufahren. Los geht es in Einsiedl. Dort lassen sich

Kanus, Kajaks, Segel-, Tret- oder Ruderboote mieten. Wem ein Kanu zu wackelig ist, der nimmt sich eben ein Ruderboot. Für den Anfang schippern wir zur Halbinsel Zwergern. Dort ist ein perfekter Platz für ein Picknick. Die Insel Sassau ist ein Schutzgebiet für seltene Vögel und deshalb darf dieses malerische Eiland niemand betreten. Im Juli und August gibt es das Kinderprogramm »Paddeln für die ganze Familie am Walchensee«. Für alle, die in der Gruppe unterwegs sein wollen, ist das perfekt. Die Veranstalter stellen auch die Boote. Infos dazu gibt es bei der Tourist-Info Walchensee. Eine Tour am Südufer des Walchensees führt vom Einstieg bei Einsiedl weiter nach Altlach. Am Ufer entlang geht es bis nach Niedernach. Dort befindet sich auch die Waldschänke, eine lohnende Einkehrmöglichkeit. Nun kann man hinauf zur Vogelinsel Sassau paddeln und diese umrunden, aber bitte in den Booten bleiben! Zurück geht es nach Einsiedl. Ein Geheimtipp unter Paddlern ist die Ostküste des Walchensees. Diese Tour ist, wie die im Süden, 15 Kilometer lang und dauert etwa drei bis vier Stunden. Hier legt man in Urfeld ab. Zuerst paddeln wir am Desskopf vorbei. Bald sind wir auf der Höhe des Fischkopfs, das ist ein Berg links von uns. An der Insel Sassau paddeln wir vorbei. Weiter am Ufer entlang fahren wir bis Niedernach, wo wir in der Waldschänke einkehren können. Auf dem gleichen Weg geht es wieder nach Urfeld zurück.
Beim Paddeln bitte immer eine Schwimmweste anlegen, man fährt ja auch nicht ohne Sicherheitsgurt mit dem Auto herum. Wichtig ist auch, sich und die Kinder mit Mützen sowie Sonnencreme gut zu schützen. Auf dem Wasser holt man sich noch viel schneller einen Sonnenbrand als im Freibad.
Von dieser Kanutour auf dem Walchensee schwärmen die Kinder sicher noch lange.

Was tun die Wikinger am Walchensee? Sie drehen einen Film! Hier können die Familien das Filmset des Wicki-Films besichtigen. Kostenlos!

24 Chiemsee

Paddeln auf dem bayerischen Meer

schwer   18,1 km   –   5–6 Std.

Alter
Ab 10 Jahren

Tourencharakter
Tageskanutour

Anfahrt
Auf der A 8 München–Salzburg bis zur Ausfahrt Frasdorf, dann weiter über Hittenkirchen-Prien und von dort nach Rimsting

Ausgangs-/Endpunkt
Rimsting

GPS-Daten
47.875278, 12.352194

Einkehr
Herreninsel: Schlosswirtschaft Herrenchiemsee, Schlosscafé im Neuen Schloss; Fraueninsel: Hotel-Café-Restaurant Zur Linde

Karte
Nautische Karte Chiemsee 1:25 000, Hrsg. L. Karrer / R. Placht

Information
Chiemsee-Alpenland Tourismus, Felden 10, 83233 Bernau am Chiemsee, Tel. 08051/965 55-0, www.chiemsee-alpenland.de

Es gibt verschiedene Möglichkeiten, auf Herrenchiemsee zu kommen. Die meisten Besucher schippern mit dem Ausflugsdampfer auf diese Insel. Andere kommen mit dem Segel- oder Motorboot. Ein absolutes Abenteuer ist es, mit dem Kanu dorthin zu paddeln.

»Wo ist denn hier der See?«, wollen die Kinder von mir wissen. In Rimsting beim Parkplatz in der Nähe des Sportzentrums haben wir unser Kanu eingesetzt und paddeln erst einmal die Prien hinauf. Sie mündet in die Schafwaschener Bucht. »Was ist das jetzt für ein See?«, will die jüngste Tochter wissen. Tatsächlich: Wer sich in dieser Bucht umsieht, könnte leicht meinen, es handelt sich um einen eigenen See. Ein schmaler Durchlass an der rechten Seite verbindet die Bucht mit dem Chiemsee. »Des Delta vo der Prien verlandet immer mehr. Weils so viel Holz und Sand mitbringt!«, erklärt ein ortsansässiger Paddler und meint sorgenvoll: »Wenn des so weiter geht, is in 200 Joahr de Bucht weg vom Fenster!« Nach wenigen Hundert Metern haben wir den See erreicht. »Hier sind gleich ganz andere Wellen als auf dem Fluss!«, meint die mittlere Tochter. Wir bleiben nah am Ufer und schippern am Badeplatz bei Osternach vorbei. Weiter mit Blick aufs Land paddeln wir bis Prien, passieren die Stege und Häuser des Rudervereins Prien sowie der Wasserwacht. Ein Ausflugsdampfer nimmt Fahrt zurück, um in Prien anzulegen. Manche Passagiere winken uns zu. Wir schwenken jetzt mit dem Kanu auf Herrenchiemsee ein. Das Abenteuer beginnt und wir paddeln über den offenen See. Bei den Kindern ist keine Angst zu spüren, sie sind auf das Ziel fixiert. Herrenchiemsee haben wir bereits vor Augen. Dort angekommen haben wir einen wunderbaren Blick vom Kanal aus auf das Schloss. Rechts herum paddeln wir um die größte Insel im Chiemsee. Bei Pauls Ruh legen wir an, machen Picknick und die Kinder baden vergnügt. Nun steuern wir unser nächstes Ziel an, die Krautinsel. Doch zwischen den beiden Eilanden heißt es aufpassen, wie uns der einheimische Paddler warnte, hier gibt es immer wieder flache Stellen. Auf der Krautinsel weiden entspannt Kühe. Im Mittelalter haben hier die Nonnen vom Kloster auf der benachbarten Insel Frauenchiemsee Gemüse angebaut. Daher hat die Krautinsel ihren Namen. »Das Anlanden ist erlaubt, aber das ganze Gelände ist vermint!«, warnt ein Paddler, der am Chiemsee lebt. Mit Minen meint er keine Sprengkörper aus dem Krieg, sondern die Kuhfladen. Wir beherzigen seine Worte und paddeln lieber zur Fraueninsel. Die Kinder und ich brauchen eine Pause. Außerdem brennt die Sonne vom weißblauen Himmel herab auf den See. Wir schlendern über die Insel und wundern uns, wie viele Leute auf das kleine Eiland passen.

Eine Seefahrt, die ist lustig! Mit dem Kanu geht es über den Chiemsee nach Herrenchiemsee und zur Fraueninsel.

Seit 728 steht dort ein Kloster mitten im See. Beeindruckt sind wir vom Inselmünster und von den beiden uralten Bäumen, der Tassilolinde und der Marienlinde. Über 1000 Jahre, so Experten, sollen diese Bäume alt sein. Wir setzen das Kanu wieder ein und nehmen Fahrt auf. Unser Ziel ist das gegenüberliegende Ufer auf Höhe von Aisching. Mit Kindern im Boot schippert es sich unter Land einfach ein wenig entspannter. Kräftig paddeln die Töchter und wir kommen, obwohl der Wind von der Seite bläst, gut voran. Um zum Badeplatz von Urfahrn zu gelangen, müssen wir noch einmal eine Strecke offenes Wasser überqueren. Auch diese Halbinsel erreichen wir problemlos. Bevor wir wieder in die Schafwaschener Bucht einlaufen können, müssen wir die Landzunge von Sassau umrunden. Beim Badeplatz Osternach ist unser Kanu kurz vor dem Einlass zur Bucht. Hier merken wir an den Paddelblättern, wie das Wasser rausdrückt. Noch einmal müssen die Kinder und ich alle Kräfte mobilisieren. Wir legen die letzten Meter auf der Prien bis zu unserer Anlegestelle zurück. Über sechs Stunden sind wir unterwegs gewesen und haben etwa 18 Kilometer im Kanu zurückgelegt. Und wo der Chiemsee ist, das wissen die Kinder jetzt.

25 Herrenchiemsee

Wandern bei Königs abseits der Touristenmassen

leicht	7 km	20 m	2 Std.

Alter
Ab 5 Jahren

Tourencharakter
Leichte Rundwanderung

Anfahrt
Auf der A 8 München–Salzburg bis zur Ausfahrt Frasdorf, dann über Hittenkirchen-Prien nach Rimsting und weiter nach Prien; dort auf das Schiff nach Herrenchiemsee steigen

Ausgangs-/Endpunkt
Prien

GPS-Daten
47.847778, 12.343889

Öffnungszeiten
Die Besichtigungsobjekte auf der Herreninsel sind täglich geöffnet, außer am 1. Januar, Faschingsdienstag sowie 24., 25. und 31. Dezember.

Preise
Erwachsene 8 €, Kinder und Jugendliche bis 17 Jahre frei

Einkehr
Schlosswirtschaft Herrenchiemsee, Schlosscafé im Neuen Schloss

Information
Chiemsee-Alpenland Tourismus, Felden 10, 83233 Bernau am Chiemsee,
Tel. 08051/965 55-0,
www.chiemsee-alpenland.de

Die größte bayerische Insel, Herrenchiemsee, zieht jedes Jahr über 430 000 Besucher an. Vor allem wegen des Schlosses von König Ludwig II. kommen die Touristen. Doch die Insel im Chiemsee hat auch eine wunderbare abenteuerliche Seite. Man muss nur wissen, wo!

Unruhig laufen die Kinder an der Uferpromenade von Prien hin und her. Sie wollen endlich auch mit dem Ausflugsdampfer über den Chiemsee zur königlichen Inseln schippern. Mit 238 Hektar, das sind umgerechnet 333 Fußballplätze, ist Herrenchiemsee das größte Eiland im See. Doch anstatt einer Fußballarena baute Ludwig II. von Bayern, besser bekannt als der Märchenkönig, ab 1878 ein Schloss. Dieser Prunkbau ist wie ein Magnet für viele Touristen. Entsprechend groß ist der Andrang bei der Schiffsanlegestelle. Endlich legt der Dampfer ab. »Ist das ein Meer?«, wollen die Kinder wissen. Den Kleinen kommt der Chiemsee wie das Mittelmeer vor. Gebannt sehen sie hinunter auf die Bugwellen. Der weißblaue Sommerhimmel spiegelt sich im Wasser des Chiemsees. Bald ist die Fraueninsel zu sehen, doch unser Ziel ist Herrenchiemsee. An der Anlegestelle zeigt sich, wie groß der Ansturm auf die Insel und vor allem das Schloss ist. Warteschlangen bilden sich vor den Schaltern, an denen es die Eintrittskarten gibt. Fiaker warten darauf, Besucher zum Schloss zu kutschieren. Doch es gibt eine wunderbare Alternative zum Gedränge! Während die glücklichen Besucher mit den Eintrittskarten rechts zum Schloss gehen, halten wir uns links. Nach wenigen Metern herrscht Ruhe. Wir gehen auf einem Waldweg, links ist immer wieder durch das Gebüsch und den Schilfgürtel die Fraueninsel zu sehen. Gemütlich geht es ohne Steigung voran. Bald macht der Weg eine weite Kurve. Wir überqueren die historische Avenue, so nannten die Leute zur Zeit von Ludwig II. die Schlossauffahrt. Über diese freie Achse ist die Rückseite des Schlosses zu erkennen. Wir wandern auf dem breiten Weg weiter und kommen nun zu Pauls Ruh. Diese freie Stelle be-

findet sich am Südufer der Insel und bietet eine tolle Aussicht auf die Kampenwand. Pauls Ruh – es steht hier auch eine Holzbank und ein Tisch, um die Brotzeit zu essen – ist die einzige Stelle auf Herrenchiemsee, an der man baden gehen kann. Hier ist der dichte Schilfgürtel unterbrochen und vom kleinen Kiesstrand aus kann man gut zehn Meter in den See hineingehen. Für die Kinder ist dieser Badespaß an heißen Tagen ein wunderbares Vergnügen. Und es herrscht hier bei Pauls Ruh eine unglaubliche Stille. Nur selten kommen Wanderer hierher. Ein großes Vergnügen für die Kinder ist es auch, die vorbeifahrenden Schiffe und Segelboote zu beobachten. Weiter geht es durch den Wald, immer parallel zum Südufer, bis zu einem Wildgehege, wo sich Rehe und Hirsche beobachten lassen. Wir wandern Richtung Westen und passieren einen Befestigungswall aus dem frühen Mittelalter. Unser nächstes Ziel ist Ottos Ruh, ein Kap im Westen

Geheimtipp! Einmal um die größte bayerische Insel und dann zum Schloss Herrenchiemsee.

von Herrenchiemsee. Jetzt führt der Weg scharf rechts in den Wald hinein. Rechts von uns ist die ehemalige Ökonomie, das Wirtschaftsgebäude der Insel. Während auf der deutlich kleineren Fraueninsel etwa 300 Menschen leben, sind es auf Herrenchiemsee keine 20 Personen, die sich hier dauernd aufhalten.

Rechte Seite: Was verbirgt sich wohl im Fels hinter dem Gemäuer?

Wieder stehen wir an der Avenue. Links schweift der Blick über den Grand Canal auf den See und rechts auf das Schloss. Das Apollo Bassin, vor dem wir nun stehen, ist unvollendet, wie manch anderes auf der königlichen Insel. Rechts geht es zum Schloss, dabei passieren wir den Fama-, den Fortuna- und den Latona-Brunnen. Bei all der Pracht kann man sich denken, dass dieser Bau mehr gekostet hat als die Schlösser Linderhof und Neuschwanstein zusammen. König Ludwig II. ruinierte dieser Bau. An dem französischen Schloss Versailles orientierte sich der bayerische Monarch und ließ 4,5 Kilogramm Blattgold im Inneren verbauen. Staunend stehen die Kinder vor den Götterstatuen und den wasserspeienden Schildkröten. Der Besuch des Schlosses ist ein Höhepunkt an diesem Tag. Wie im Märchen fühlen sich die Kinder, wenn sie durch die ehemaligen königlichen Gemächer wandeln. Dabei wohnte Ludwig II. nur vom 7. bis zum 16. September 1885 auf Schloss Herrenchiemsee. Wir wandern auf dem Weg vom Schloss zur Schiffsanlegestelle und schippern wieder zurück an Land. Während die Kinder auf die Bugwellen schauen, schlafen sie langsam ein.

Schloss Stein

Gruseln in der Höhlenburg

leicht	km –	–	1 Std.

Kinder fühlen sich von Burgen immer besonders angezogen. Vom Schloss Stein an der Traun geht eine kaum zu steigernde Faszination aus: Es ist die am besten erhaltene Höhlenburg Deutschlands. Dazu gibt es noch die Sage vom Raubritter Heinz von Stein. Der Gruselfaktor ist entsprechend hoch.

»Jeder muss bitte einen Helm aufsetzen!«, fordert der Burgführer die Besucher auf. Ein Junge sieht seinen Vater fragend an, der erklärt spontan: »Na ja, zu einer Burg gehört ja wohl ein Helm!« Etwas enttäuscht sieht der Bub, dass es keine blechernen Ritterhelme, sondern blaue Bauhelme aus Plastik sind. Beeindruckend ist das massive Schlosstor. Wer hier ungebeten hereinwollte, der musste einen großen Aufwand betreiben. Außerdem besetzten entschlossene Verteidiger die Mauern und hielten kochendes Pech und Bruchsteine bereit. Als endlich alle die Helme aufhaben, geht es los mit der einstündigen Tour durch diese berühmte und beliebte Burg. Über eine Wendeltreppe geht es in das Innere der Festung. Wie bei so vielen bayerischen Burgen

Alter
Ab 5 Jahren

Tourencharakter
Besichtigung der Höhlenburg

Anfahrt
Auf der B 299 oder B 304 bis Altenmarkt an der Alz und dort der B 304 bis Stein an der Traun folgen

Ausgangs-/Endpunkt
Stein an der Traun

GPS-Daten
47.985354, 12.546124

Öffnungszeiten
Ende März bis 3. Sonntag im Oktober Di bis So 14 Uhr, Mitte Juli bis Mitte September Di bis So zusätzlich 16 Uhr; in den Schulferien findet jeweils Fr und Sa um 20 Uhr eine Nachtführung ab 10 Personen bei Anmeldung statt.

Preise
Erwachsene 3 €, Jugendliche und Kinder 2 €, Gruppe 2,50 € pro Person, Nachtführung 3,50 € pro Person

Einkehr
Brauereigasthof Martini, Hauptstr.5, 83371 Stein an der Traun

Information
Chiemgau Tourismus e.V., Haslacher Str. 30, 83278 Traunstein,
www.chiemgau-tourismus.de

sind auch die Anfänge von Schloss Stein ungeklärt. In der Nähe der Nepomuk-Kapelle fanden Archäologen Gräber aus der Hallstattzeit (750–450 v. Chr.). Die nahezu senkrechte Nagelfluhwand, die sich beim Zusammenfluss von Alz und Traun erhebt, bot damals schon den Menschen Schutz vor Angriffen. Um das Jahr 1100 entstand auf diesem strategisch bedeutenden Platz der erste Wall. Im Lauf der Jahrhunderte erweiterten die Burgherren die Wehranlage. Dank dem wilden Raubritter Heinz von Stein ist die Burg auch ein Gruselkabinett. Bei diesem grausigen Gesellen handelt es sich um eine Sagengestalt, die nicht historisch belegt ist. Trotzdem hängen die Kinder dem Burgführer an den Lippen. Immerhin hätte der Raubritter auch eine Karriere als Basketballspieler hinlegen können, denn der sagenhafte Bösewicht soll größer als zwei Meter gewesen sein. Beim Burgbrunnen packen die Kinder stolz ihre Taschenlampen aus. Mehrere Lichtkegel wandern im Schacht nach unten. Mit einem brennenden Papier zeigt der Burgführer, wie tief es hier hinuntergeht. 27 Meter ist der Brunnen tief. Für einige Kinder unter den Besuchern, die schon mit dem Drei-Meter-Brett im Freibad Probleme haben, ist das eine Tiefe, in die ein Wolkenkratzer hineinpasst. Dazu dann die Geschichte, dass sich mittels Brunnen Heinz von Stein seiner Gegner entledigt haben soll. Zuerst warf der Raubritter die unliebsamen Leute in den Brunnen und unten fielen sie auf eine Art Nagelbrett. Mit einem Klappmechanismus spülte es die Ermordeten in die Wasser der Traun und der Fluss erledigte den Rest. So die Sage. Wir halten uns lieber an den Tatsachen, und die sind weniger grausam. Das Schloss Stein besteht aus drei Teilen. Da ist das Hochschloss auf dem Nagelfluhfelsen. Im unteren Schloss ist seit 1948 ein Internat untergebracht. Urenkel von Richard Wagner und eine Nachfahrin des Reichskanzlers Otto von Bismarck drückten hier die Schulbänke. Im mittleren Teil der Anlage befindet sich die Höhlenburg. Eng ist es hier und dunkel. Es modert. Die Treppen und Wände sind feucht. Immer wieder müssen sich die Erwachsenen bücken und sind froh über den schützenden Bauhelm auf dem Kopf. Mit den Taschenlampen leuchten sich die Kinder den Weg durch diesen eher ungemütlichen Teil der Festung. Auch die Verliese waren hier untergebracht. In diesem Abschnitt der Burg wird den Kindern und Erwachsenen klar, wie wenig komfortabel das Leben hier im Mittelalter gewesen ist. Stickig, kalt, zugig und dunkel sind die Räume. Ein Grund, warum es diese Burg gibt, ist ihre Lage. Der

Salzhandel ließ sich von hier aus perfekt überwachen. Im Trauntal verlief eine wichtige Handelsroute. Militärisch gesehen war Schloss Stein eher eine Fehlplanung. Bei zwei Belagerungen, 1231 und 1435, hielt die Burg nicht stand. Den Kindern sind solche historischen Tatsachen eher einerlei. Sie wollen die

Geschichte hören, wie der bitterböse Heinz von Stein das wunderschöne Fräulein Waltraut entführte. Auch soll der Raubritter ein großer Tunnelbauer gewesen sein. Ein unterirdischer Geheimgang soll bis nach Törring geführt haben und der andere Tunnel bis nach Trostberg. Das sind immerhin fünf Kilometer. Nur allzu gerne möchten die Kinder diese alten Gänge finden und leuchten nun noch intensiver in jedes dunkle Loch. Nur ungern geben sie am Ende der Führung wieder den Bauhelm ab.

Heinz von Stein, der wilde Raubritter, soll in dieser mittelalterlichen Festung gehaust haben.

107

27 Röthelmoos

Ponys, Kühe und gutes Essen

| leicht | 6,4 km | 200 m | 3 Std. |

Alter
Ab 6 Jahren

Tourencharakter
Leichte Rundwanderung

Anfahrt
Auf der A 8 bis zur Ausfahrt Traunstein/Siegsdorf und von dort weiter nach Ruhpolding; hier nach Brand und dann nach Urschlau zum Wanderparkplatz

Ausgangs-/Endpunkt
Wanderparkplatz Urschlau

GPS-Daten
47.728286, 12.581405

Einkehr
Dandlalm, Langerbauer Alm

Karte
Fritsch Wanderkarte 1:35 000, Blatt Ruhpolding, Inzell

Information
Chiemgau Tourismus e.V., Haslacher Str. 30, 83278 Traunstein, www.chiemgau-tourismus.de, www.ruhpolding.de

So sieht ein Getränkeautomat im Röthelmoos aus. Hier bedienen sich die Kinder gerne.

Rechte Seite: Egal ob mit dem Radl oder zu Fuß – im Röthelmoos fühlen sich die Kinder wohl.

Zwischen Ruhpolding und dem Weitsee liegt die Röthelmoos-Hochebene. Ein attraktives Ziel für Familien, an dem Ponys und Kühe auf der Weide grasen. Auch mit einem geländegängigen Kinderwagen ist diese Tour zu schaffen.

»Was ist denn das für ein Tor?« Die Kinder stehen vor der historischen Triftklause am Eingang vom Röthelmoos. Allerdings handelt es sich hier um kein Eingangstor. Mithilfe von Wasserkraft ließen Holzknechte die gefällten Baumstämme ins Tal treiben. Beeindruckt sehen sich die Kinder dieses Bauwerk aus dem Jahr 1750 an. Bevor wir zur Triftklause kommen, gehen wir in Urschlau los. Ein breiter Waldweg, der gut ausgeschildert ist, führt hinauf zum Röthelmoos. Wer hier den Kinderwagen hinaufschiebt, braucht Muskeln in den Armen und Beinen. Bald passieren wir das Bergerlebniszentrum der Bayerischen Staatsforstverwaltung. Auf dem Forstweg

geht es bergauf. Nach einigen Kurven ist die historische Triftklause und damit der Eingang zum Röthelmoos erreicht. Wenige Hundert Meter weiter ist die Langerbauer Alm zu sehen. Die Kinder legen plötzlich einen Schritt zu. Der leckere Duft von frischem Kaiserschmarrn liegt in der Luft. Vor der Alm weidet ein kleines Pony und die Kinder haben plötzlich keinen Hunger und Durst mehr. Sie stehen alle um dieses viel zu klein geratene Pony und streicheln es. Von den Sitzplätzen vor der Langerbauer Alm sind der Gurnwandkopf und die Hörndlwand zu sehen. Auf der anderen Seite der Hochebene befindet sich die Dandlalm. Sie ist bekannt für ihre hausgemachten Kuchen. Wer noch Kraft hat, wandert nach der Einkehr zum Weitsee. Von hier aus kann man auch mit dem Bus nach Ruhpolding fahren. Zuerst durchquert man das eigentliche Röthelmoos, ein wunderbares Hochmoor. Die Kinder bekommen hier Tiere und Pflanzen zu sehen, die mittlerweile leider selten sind. Auch die braunschwarze Farbe des Wassers zeigt, dass wir uns hier in einem Moor befinden. Wir folgen dem Weg bis zum Ende vom Röthelmoos und steigen über das Wappbachtal zum Weitsee ab. Hier heißt es aufpassen, denn immer wieder kommen Mountainbiker von hinten angerast. Kurvig geht es bergab bis zum Ende des Wappbachtals. Wir stehen nun vor der B 305. Wir überqueren diese und schon haben wir den Weitsee erreicht. Auf dem gleichen Weg geht es wieder zurück ins Röthelmoos.

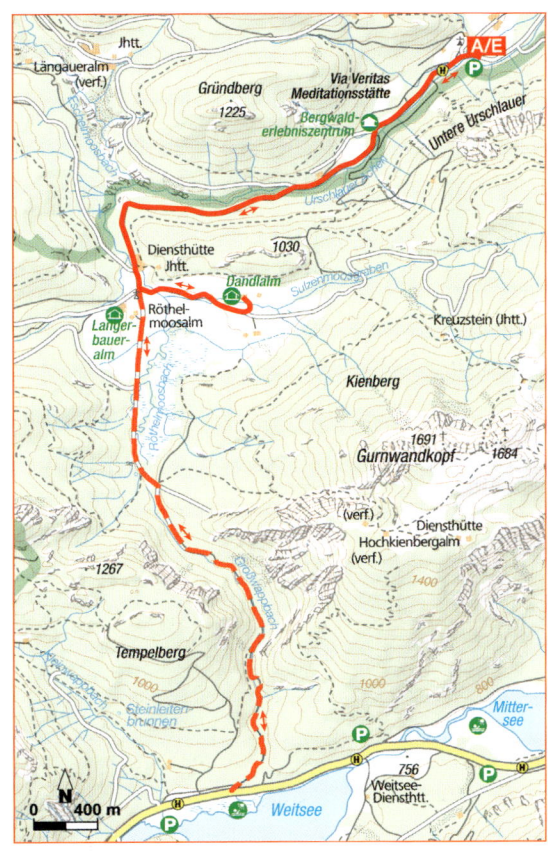

28 Heutal

Einmal hinter dem Wasserfall stehen

| mittel | 17 km | 380 m | 5 Std. |

Alter
Ab 10 Jahren

Tourencharakter
Wanderung auf gut ausgebautem Waldweg oder Pfad; im oberen Drittel deutlich steiler

Anfahrt
Auf der A 8 die Ausfahrt Traunstein-Siegsdorf nehmen, von hier weiter nach Ruhpolding fahren. Den Ort durchfahren und auf der B 305 bis Laubau in Richtung Reit im Winkl. Das Holzknechtmuseum ist sehr gut ausgeschildert.

Ausgangs-/Endpunkt
Parkplatz Holzknechtmuseum

GPS-Daten
47.724167, 12.658611

Einkehr
Mehrere Möglichkeiten in Ruhpolding oder im Heutal

Karte
AV-Karte 1:25 000, Blatt Chiemgauer Alpen, Mitte – Hochgern, Hochfelln

Information
Tourist-Info Ruhpolding, Hauptstraße 60, 83324 Ruhpolding, Tel. 08663/880 60, www.ruhpolding.de

Wie ein unendlicher, silberner Vorhang rauscht das Wasser vom Staubfall herab. Auf einer alten Schmugglerroute führt der Weg hierher an die Grenze von Bayern zu Österreich. Für die Kinder ist es ein unvergessliches Erlebnis, einem Wasserfall so nahe zu kommen.

»Das ist ja fast wie unsere Dusche!«, meint die mittlere Tochter und ihre ältere Schwester verdreht mit einem gequälten Blick die Augen. »Hier kommen ein paar Liter mehr runter, als bei uns zu Hause!«, erklärt sie. Hinter einem mächtigen Wasserfall wie dem Staubfall zu stehen, ihn aus unmittelbarer Nähe zu spüren, ist für die ganze Familie etwas Besonderes. Doch bevor die ganze Meute hinter dem Wasserfall ist, wartet eine lange Wanderung auf die Familie, die sich aber auch erheblich abkürzen lässt! Alle, die größere Kinder haben, starten am Holzknechtmuseum in der Laubau. Die anderen radeln den Weg durchs Fischbachtal mit den Mountainbikes. Der Weg ist optimal ausgeschildert. Die Via Alpina führt uns ins Fischbachtal hinein. Ständig rauscht der wilde Bach, der dem Tal seinen Namen gab, neben uns. Fische entdecken die Kinder allerdings keine. Bei einer kurzen Pause basteln sie sich mit den Taschenmessern einfache Wasserräder. Der wilde Fischbach bringt tatsächlich alles zum Drehen! Fasziniert sieht die jüngste Tochter zu, was ihre beiden großen Schwestern für geniale Tüftler sind. Das Fischbachtal scheint kein Ende zu nehmen. Schluss ist erst bei einem Unterstand. Hier stehen viele Mountainbikes. Nun geht es bergauf zum Staubfall. In engen Serpentinen steigt die ganze Familie auf. Bis zum Beitritt von Österreich zur Europäischen Union herrschte hier reges Treiben. Schmuggler gingen im dichten Wald ihrer illegalen Tätigkeit nach, so kamen Alkohol und Zigaretten über die grüne Grenze. Immer wieder gibt es unterwegs Ruhebänke, die einen Blick hinab in das wilde Tal bieten. Bei diesem Aufstieg sind Trekkingstöcke eine Wohltat. Der nun schmalere Weg führt fast eben an der Felswand vorbei. »Was sind das für Verkehrs-

schilder?«, will die mittlere Tochter wissen und zeigt auf die bei-
den Emailschilder. Auf dem einen prangt der Bundesadler mit
weit aufgerissenem Schnabel, auf dem anderen ebenfalls ein Ad-
ler mit gesprengten Ketten. Wir haben die Staatsgrenze erreicht.
Doch was noch spektakulärer ist: Wir stehen vor dem Staubfall!
Über 200 Meter rauscht das Wasser über eine fast senkrechte
Felswand runter ins Tal. Über Holztreppen steigen wir hinter
den Wasserfall. Es ist unglaublich laut und die Luft ist feucht.
Nur ein kleines Holzdach schützt uns vor dem tosenden Wasser.
In den Felsen ist der Wanderweg hineingesprengt. Lohnenswert

Im Heutal wandern die Kinder
hinter dem Staubfall-Wasserfall,
der dort über die Felsen rauscht.

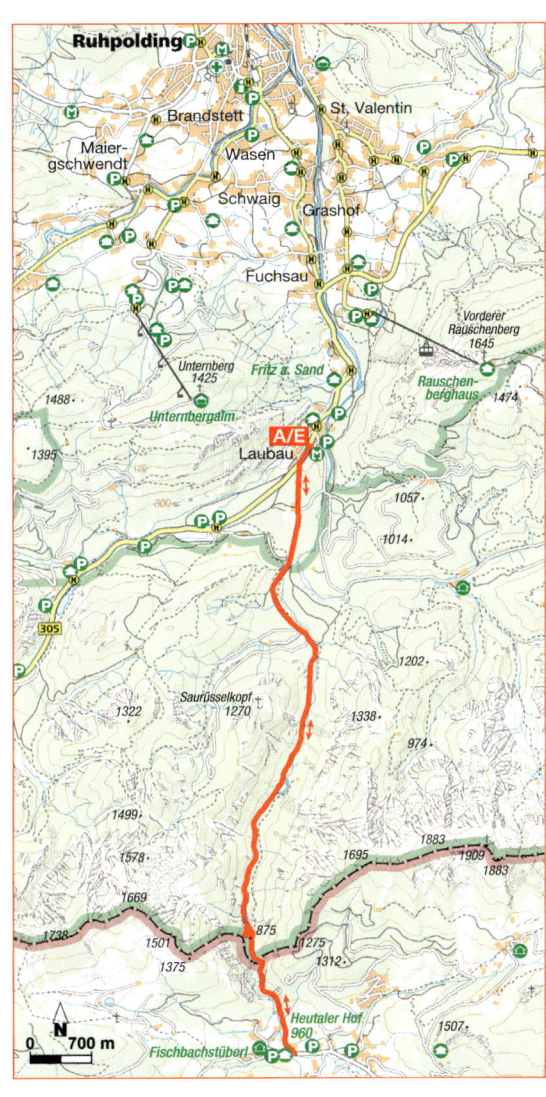

ist es, den Wasserfall zu unterqueren und
ihn von der Holztreppe auf der anderen
Seite zu betrachten. Hier zeigt sich, wie ge-
waltig der Staubfall ist. Wer genug vom
Wandern hat, der dreht hier um. Alle anderen gehen noch etwa 20 Minuten, bis sie das
Heutal erreicht haben und kehren dort ein,
bevor sie über das Fischbachtal zurück nach
Ruhpolding wandern. Hier sind wir beim
Thema abkürzen. Wem diese Tour zu lange
ist, der fährt mit dem Auto über Unken
hinauf ins Heutal und wandert von dort
zum Staubfall, der riesengroßen Dusche!

29 Märchenpfad Bischofswiesen

Rätselhafte Märchen und wundervolle Figuren

leicht	2 km	20 m	1 Std.

Alter
Ab 3 Jahren

Tourencharakter
Leichte Waldwanderung

Anfahrt
Auf der A 8 bis zur Ausfahrt Bad Reichenhall, dann der B 21 bis Bad Reichenhall folgen und weiter Richtung Berchtesgaden; die B 20 führt nach Bischofswiesen, dort in die Aschauerweiherstraße fahren.

Ausgangs-/Endpunkt
Aschauerweiherbad

GPS-Daten
47.64365, 12.985041

Öffnungszeiten
Der Märchenpfad ist geöffnet von April bis November.

Preise
Eintritt frei

Einkehr
Gasthäuser in Bischofswiesen

Information
Tourist-Info Bischofswiesen, Hauptstraße 40, 83484 Bischofswiesen,
Tel. 08652/ 97 72 20,
www.bischofswiesen.de

Wenn die Kinder wie Gämsen laufen, dann muss etwas ganz besonders sein. Der Märchenpfad in Bischofswiesen ist ein Traum für die Kinder. Hier treffen sie im Wald auf handgeschnitzte Märchengestalten und lösen nebenher Rätselaufgaben.

Am Naturbad Aschauerweiher in Bischofswiesen beginnt der längste Märchenpfad im Berchtesgadener Land. Die Bischofswiesener dürfen stolz auf diese besondere Attraktion sein. Mit dem Märchenpfad haben sie alles richtig gemacht. Bevor wir loswandern, holen wir uns am Naturbad einen Rätselflyer. Den gibt es gratis. Was mir so gut daran gefällt: Die Kinder müssen noch nicht lesen können, um die Rätselaufgaben zu verstehen und lösen zu können. Auch die kleinen Wanderer im Kindergartenalter kommen damit zurecht. Der Rundweg ist zwei Kilometer lang und ohne nennenswerte Steigungen. Wir überqueren die Ramsauer Ache auf einer Brücke und kommen auf der anderen Uferseite an den Kneippbecken vorbei. Beim Maximilians-Reitweg betreten wir den mystischen Zauberwald von Bischofswiesen. Plötzlich sind wir mit den Kindern im Reich der Elfen, Feen, Zwerge, Zauberer und Märchenfiguren. Die Wegweiser sind kaum zu übersehen. Liebevoll geschnitzte Zwerge halten die Richtungsschilder in den Händen. Insgesamt elf Stationen erwarten uns. Nach wenigen Hundert Metern gabelt sich der Weg. Hier halten wir uns links und schon stehen wir vor der ersten Rätselstation. Es geht um das Muster des Fliegenpilzes, mehr wird hier nicht verraten. Was

diesen zauberhaften Pfad so besonders macht, sind die geschnitzten Figuren. Ein Gesicht sieht uns von einem Baumstamm
aus an. Aus einem anderen Baumstamm ist ein Murmeltier gearbeitet. Auch der Froschkönig und weitere Szenen aus Märchen
sind hier geschnitzt. In einer Welt, in der für die Kinder fast alles
aus Plastik und computeranimiert ist, tut ein solcher Märchenwald gut. Fasziniert stehen die Kleinen vor dem geschnitzten
Märchenschloss oder dem Rumpelstilzchen. Wer diese liebevollen Gestalten aus dem Holz gearbeitet hat, der verstand sein
Handwerk! Es bietet sich wunderbar an, auf diesem Weg bei
Bischofswiesen den Kindern Märchen vorzulesen, also unbedingt ein Märchenbuch mitnehmen. Unterwegs gibt es Rätselsta-
tionen zu des Kaisers neue Kleider oder Schneeweißchen und
Rosenrot. Beim Froschkönig ist die letzte Station erreicht. Nun

Willkommen im Märchenreich!
Liebevoll geschnitzte Figuren
weisen den Weg am Märchenpfad.

geht es auf dem Rückweg weiter. Nach einem halben Kilometer geht der Weg rechts scharf weg. Bald kommt eine Weggabelung. Hier halten wir uns links und plötzlich sind wir aus dem Wald und stehen vor den Kneippbecken. Wenn die Antworten der Kinder stimmen, kann man mit dem Rätselblatt zur Tourist-Info Bischofswiesen gehen, hier bekommen die kleinen Wanderer ein Geschenk.

Auf dem Märchenpfad Bischofswiesen gibt es eine Wissensrallye für Kinder.

Für heute genug gewandert und heiß ist es auch noch? Dann lohnt es sich, mit den Kindern in das Naturbad Aschauerweiher zu gehen. Die Preise sind für Familien moderat und man kann im kristallklaren Gebirgswasser ganz ohne Chemikalien baden. Für die ganz Kleinen gibt es ein Planschbecken. Besonders beliebt ist der Bachlauf im Kiesstrand mit der Pirateninsel und der abenteuerlichen Hängebrücke. Langeweile hat hier keine Chance. Dazu gibt es einen grandiosen Ausblick auf den Watzmann und den Hohen Göll. Märchenhaft!

Kühroint-Alm

Dem Watzmann ganz nah

30

Egal wie nah oder weit weg man vom Watzmann ist: Dieser Berg beeindruckt Erwachsene ebenso wie die Kinder. Unsere Tour führt an den Fuß des kleinen Watzmann und bietet einen Blick auf den Königssee wie aus dem Touristenprospekt.

Alle Wege führen zur Kühroint-Alm. »Oans! Zwoa! Drei!«, und schon schieben vier kräftige Männer, die so breit wie Kleiderschränke gebaut sind, ihren Bob gemeinsam an. Fasziniert sehen die Kinder zu, wie die Athleten in dieses seltsame Fahrzeug springen. Losgegangen sind wir am Parkplatz beim Königssee. Auf einem breiten Weg geht es hinauf zur legendären Rodelbahn, an der auch schon Weltmeisterschaften stattgefunden haben. Die Kinder verfolgen, wie der Bob – weil es Sommer ist, hat er Reifen statt Kufen – durch die Betonröhre rast. Weiter führt

mittel   15 km   796 m   5 Std.

Alter
Ab 10 Jahren

Tourencharakter
Konditionell anspruchsvolle Wanderung

Anfahrt
A 8 Richtung Salzburg bis Bad Reichenhall, dann auf der B 20 nach Berchtesgaden, der Königssee ist dort ausgeschildert; oder weiter Richtung Ramsau, auf halbem Weg dorthin befindet sich links die Wimbachgriesbrücke mit Parkplatz.

Ausgangs-/Endpunkt
Wimbachgriesbrücke, Parkplatz Hammerstiel oder Parkplatz Königssee

GPS-Daten
47.603468, 12.9489

Einkehr
Kühroint-Alm, geöffnet Mitte Mai bis ca. 25. Oktober, Tel. 0171/353 33 69, www.kuehroint.com; Schapbachalm

Karte
Topographische Karte 1:50 000, Blatt Berchtesgadener Alpen

Information
Kur- und Kongresshaus Berchtesgaden, Maximilianstraße, 83471 Berchtesgaden, Tel. 08652/944 53 00, www.berchtesgaden.de

uns der Weg bergauf. Bald wird er schmaler und in unzähligen Serpentinen kommen wir der Kühroint Schritt für Schritt näher. Unterwegs gibt es immer wieder Ruhebänke mit einem grandiosen Blick auf den Königssee. Wir steigen weiter bergan. Rechts geht es zum Klettersteig »Isidor« am Grünstein weg. Über drei

Viele Wege führen auf die Kühroint und oben bieten sich herrliche Ausblicke.

Routen geht es den Felsen hinauf. Auch hier bleiben die Kinder stehen und schauen den Alpinisten zu. Weiter steigen wir auf dem schmalen Weg in der Sonne bergauf. Langsam kippt die Stimmung bei den Kindern. Zum Glück ist der Sattel erreicht. Rechts geht es hinüber zum Grünstein und es bietet sich hier ein unglaublicher Ausblick auf die Berge am Königssee, etwa den Jenner oder das Hohe Brett. Links führt der Weg weiter zur Kühroint-Alm. Es ist ein Auf und Ab durch den Bergwald. Wer einen grandiosen Ausblick auf den Königssee haben will, geht weiter zur Archenkanzel. Die Kinder stehen fasziniert auf diesem Aussichtspunkt und lassen die Blicke über den See wandern. Nach dieser Tour haben sich alle ein deftiges Essen auf der Kühroint-Alm verdient. Ein besonderes Erlebnis ist es, den Sonnenaufgang hier oben zu erleben. Zum Glück ist es auch möglich, auf der Kühroint-Alm zu übernachten.

Es gibt noch einen anderen lohnenswerten Weg hinauf zum Balkon des Königssees. Los geht es am Wanderparkplatz Hammerstiel. Links führt der Weg hinauf zum Grünstein. Teilweise ist diese Tour sehr steil und bringt die Kinder an ihre Grenzen, deshalb ist es besser rechts durch den Wald zu gehen. In einem weiten Bogen geht es um den Schnapbachriedel herum. Bald ist die Schnapbach-Diensthütte erreicht. Von hier aus geht es auf einem Forstweg weiter und man sieht den Watzmann mit seinem Kar, hinter dem die Watzmannkinder aufgereiht sind. Ludwig Ganghofer, der bekannte Schriftsteller, schrieb die Sage vom König Watzmann nieder. Dieser brutale Monarch lebte vor langer, langer Zeit im Berchtesgadener Land. Als es der König Watzmann wieder einmal zu weit getrieben hatte (er ließ einen Säugling und dessen Eltern von seinen Hunden zerfetzen, das braucht man aber den Kindern besser nicht zu erzählen), da reichte es dem lieben Gott. Er verwandelte die ganze Königsfamilie in Felsen – den König Watzmann, seine Frau und seine sieben Kin-

der. Wenn man nachzählt stellt man allerdings fest, dass nur fünf Kinder hinter dem Watzmannkar zu sehen sind. Das Blut der Bösewichte soll in einen See zu Fuße der zu Felsen erstarrten Familie geflossen sein. Deswegen heißt das Gewässer auch Königssee. Sagenhaft gefällt den Kindern, was bald nach der Diensthütte kommt: Die Schnapbach-Alm. Hier kehrt die ganze Familie ein und stärkt sich für den Rest des Weges hinauf zur Kühroint-Alm. Über den Schnapbach-Boden geht es weiter bergauf der Kühroint-Alm entgegen. Hier gibt es zwei Möglichkeiten: Eine Abkürzung durch den Wald, diese ist aber steil. Oder in einem ziemlich weiten Linksbogen über den Forstweg hinaufwandern. Kurz vor der Kühroint-Alm passiert man eine Hütte der Bundespolizei, dann sind es nur noch wenige Hundert Meter und wir sind am Ziel. Auf dem gleichen Weg geht es nach der Einkehr auf der Alm wieder hinunter ins Tal. Seltsam, aber irgendwie führen alle Wege zur Kühroint-Alm.

Richtig gutes Essen erwartet den fleißigen Wanderer auf der Kührointhütte.

Die sind ihren Preis wert: Jugendherbergen in Oberbayern

Jugendherberge Eichstätt
Umwelt-Jugendherberge
Reichenaustr. 15
85072 Eichstätt
Tel. 08421/98 04-10

Jugendherberge Ingolstadt
Friedhofstr. 4 1/2
85049 Ingolstadt
Tel. 0841/30 51 28-0
Fax: +49 841 305128-9

Jugendherberge Burg Schwaneck

Internationales Jugendgästehaus Dachau
Roßwachtstr. 15
85221 Dachau
Tel. 08131/322 95-0

Jugendherberge München-City
Wendl-Dietrich-Str. 20
80634 München
Tel. 089/202 44 49-0

Jugendherberge München-Park
Miesingstr. 4
81379 München
Tel. 089/785 76 77-0

Jugendherberge Burg Schwaneck
Burgweg 4–6
82049 Pullach
Tel. 089/74 48 66-70
www.jugendherberge-burgschwaneck.de

Jugendherberge Mühldorf a. Inn
Friedrich-Ludwig-Jahn-Str. 19
84453 Mühldorf am Inn
Tel. 08631/73 70

Jugendherberge Possenhofen Jugendzeltplatz
Kurt-Stieler-Straße 18
82343 Pöcking
Tel. 08157/99 66-11

Jugendherberge Bad Tölz
Am Sportpark 4
83646 Bad Tölz
Tel. 08041/793 18-0

Jugendherberge Benediktbeuern
»Don Bosco«
Don-Bosco-Str. 3
83671 Benediktbeuern
Tel. 08857/88 35-0
www.don-bosco-jh.de

Jugendherberge Lenggries
Jugendherbergsstr. 10
83661 Lenggries

Jugendherberge Benediktbeuern »Don Bosco«

Tel. 08042/24 24

Jugendherberge Kreuth-Scharling
Nördliche Hauptstr. 91
83708 Kreuth am Tegernsee
Tel. 08029/99 56-0

Jugendherberge Schliersee
Josefsthaler Str. 19
83727 Schliersee
Tel. 08026/97 38-0

Jugendherberge Bayrischzell-Sudelfeld
Unteres Sudelfeld 9
83735 Bayrischzell
Tel. 08023/675

Jugendherberge Walchensee
Urfeld 17
82432 Walchensee

Tel. 08851/230

Jugendherberge Oberammergau
Malensteinweg 10
82487 Oberammergau
Tel. 08822/41 14

Jugendherberge Garmisch-Partenkirchen
Jochstr. 10
82467 Garmisch-Partenkirchen
Tel. 08821/967 05-0

Jugendherberge Mittenwald
Buckelwiesen 7
82481 Mittenwald
Tel. 08823/17 01

Jugendherberge Berchtesgaden
Struberberg 6
83483 Bischofswiesen
Tel. 08652/94 37-0

Königliche Outdoor-Abenteuer für
aktive Familien bietet das Allgäu.

Allgäu

Der Wilde Westen Bayerns ist immer für ein Abenteuer gut

Outdoor-Abenteuer Zelten

Das richtige Zelt

1979 brachte Salewa, die bayerisch-südtirolerische Alpinistenmarke, das Sierra-Domzelt auf den Markt. Damals eine Sensation. In der Zwischenzeit hat sich bei den Zelten viel getan: Sie haben deutlich an Gewicht verloren, lassen sich noch schneller aufbauen und es gibt neue Materialien. Doch egal wie teuer das Zelt ist, wer es dort aufbaut, wo es verboten ist, bekommt Probleme. Schwierig kann es für Kinder sein, wenn sie das eigene Zelt aufbauen wollen. Wie sich solche Ärgernisse vermeiden lassen, dazu haben wir bei Sebastian Schaller nachgefragt. Er ist bei Salewa Commercial Product Manager Tents & Sleepingbags.

Worauf sollten die Eltern achten, wenn sie den Kindern ein Zelt kaufen?

Sebastian Schaller: Meiner Meinung nach ist hier auf einen einfachen Aufbau zu achten. Farblich gekennzeichnete Gestänge und Gestängekanäle helfen hier enorm. Die Wassersäule v. a. am Boden sollte mindestens 5000 mm betragen und das Material hier doch etwas dicker sein, als es bei Ultralight-Zelten der Fall ist, da Kinder häufig unbedarft und entsprechend nicht ganz so vorsichtig mit dem Material umgehen.

Auf Festivals gibt es immer die Wurfzelte zu sehen. Was hältst Du von diesen Zelten?

Prinzipiell ist die Idee dahinter nicht schlecht. Ein Zelt, das sprichwörtlich im Handumdrehen aufgebaut werden kann. So einfach und schnell, das ist schon raffiniert. Allerdings sind diese Zelte auch nur zu diesem Einsatzzweck relevant. Die Stabilität ist nicht mit normalen Kuppelzelten vergleichbar und auch das Packmaß ist nicht für Berg- oder Trekkingtouren geeignet. Außerdem erfordert das Abbauen ebenfalls etwas Geschick, denn so einfach, wie das Zelt aufzubauen ist, lässt es sich nicht abbauen. Darüber hinaus fehlt es hier an Apsiden, in denen sich Kocher oder das Gepäck einer Trekkingtour verstauen lassen.

Worauf muss ein Outdoorer achten, wenn er sein Zelt aufstellt?

Zunächst sollte immer der Untergrund geprüft werden: Steine, Wurzeln, Stöcke können den Zeltboden schädigen. Darüber hinaus macht es sicherlich Sinn, je nach Zelttyp, auf die Windrichtung achtzugeben und gegebenenfalls die Ausrichtung des Zelts an die Himmelsrichtung anzupassen, damit man am Morgen nicht zu früh von der Sonne geweckt wird.

Darf ich in Deutschland überall zelten, wo ich will?

In Deutschland grundsätzlich verboten ist das Zelten in Nationalparks, Naturschutzgebieten, geschützten Biotopen, Wildschutz- und Wasserschutzgebieten. Das Zelten in der freien Landschaft ist, ausgenommen im Wald, in keinem Bundesland ausdrücklich verboten. Zudem gilt in Deutschland das Rechtsprinzip des Verbotsvorbehaltes, d. h.: Alles, was nicht ausdrücklich verboten ist, ist zunächst erlaubt. Beim Zelten im Wald gelten wiederum andere Regeln, denn obwohl Wald auch zur freien Landschaft zählt, greifen die Forst- und Waldgesetze der Länder. Wer sich Privatgrund zum Nächtigen aussucht, benötigt unbedingt die Einwilligung des Grundstückeigentümers. Denn wer ohne dessen Einwilligung sein Zelt auf einem Privatgrundstück aufbaut, begeht Hausfriedensbruch. Wer unerlaubt auf öffentlichen Flächen, wie z. B. (Wander-)Parkplät-

Eine Plane, zwei Bäume und ein Seil – schon bauen sich die Kinder ein Zelt.

zen, zeltet, begeht zwar keinen Hausfriedensbruch, aber eine Ordnungswidrigkeit und kann dementsprechend zur Kasse gebeten werden.

Outdoor-Rezept: Allgäuer Riebel

Outdoor-Rezepte haben einen großen Vorteil: Sie haben meistens wenig Zutaten und sind einfach zu kochen. Allgäuer Riebel, ein typisches Essen der Bergbauern, Holzfäller und Sennen, sind superleicht zu kochen und schmecken wie die Berge. Sie lassen sich am Lagerfeuer genauso gut zubereiten wie am Gaskocher oder auf dem Küchenherd. Eine ältere Hüttenwirtin hat mir dieses Rezept gegeben und ich durfte auch bei der Zubereitung zusehen. »Was die Mengen angeht, ist es ganz einfach zu merken«, erklärte mir die

Hüttenwirtin grinsend: »Du nimmst von der Milch die Hälfte an Grieß!« Dann ließ mich diese begnadete Köchin rechnen: »Also Du hast einen Liter Milch. Wie viel Weizengrieß brauchst Du?« Ganz klar, 500 Gramm. Ich hatte bestanden.

Zuerst gibt man in einen Topf die Hälfte der Butter und lässt sie schmelzen. Nun kommt die Milch hinzu und die Prise Salz. Das Ganze aufkochen lassen. Jetzt den Weizengrieß hinzuschütten und fleißig umrühren. Eine ideale Aufgabe für die Kinder. Immer gut am Boden des Topfs rühren, damit sich der Grieß dort nicht absetzen kann, bis eine Masse aus Grieß und Milch entstanden ist. Den Topf vom Feuer oder Gaskocher nehmen. Bitte warten, bis die Masse kalt ist. Nun wird in einer Pfanne die restliche Butter erhitzt. Jetzt ist es wichtig, mit großer Hitze zu arbeiten. Die erkaltete Grießmasse kommt in die Pfanne, wird goldbraun angebraten und schließlich zerteilt. Fertig sind die Allgäuer Riebel. Mit Apfelmus schmecken sie besonders gut. Ein wunderbares Outdoor-Rezept für den Herbst oder Winter.

Zutaten:
- 400 ml Milch
- 200 g Weizengrieß
- 40 g Butter
- Salz

Der passende Schlafsack

Gibt es etwas Unangenehmeres, als beim Zelten die ganze Nacht zu frieren? Da vergeht einem schnell der Spaß am Campen. Was ist zu tun? Wir haben bei Magdalen Hamel von der Outdoor-Marke Jack Wolfskin nachgefragt. Sie ist dort Developer Equipment und kennt sich richtig gut mit Schlafsäcken aus.

Gleich mal die wichtigste Frage zuerst: Was finden Sie besser, Schlafsäcke mit Kunstfaserfüllung oder Daunen?

Magdalen Hamel: Ich persönlich schlafe gerne in Daunenschlafsäcken, da sie die beste Performance bezüglich des Wärme-Gewichts-Verhältnisses haben. Ein geringes Gewicht erleichtert mir das Gepäck, und da ich selten in Regionen mit besonders hoher Luftfeuchtigkeit unterwegs bin, für mich die beste Wahl.

Wo liegen die Vor- und Nachteile von Kunstfaser oder Daune im Schlafsack?

Die Kunstfaserschlafsäcke haben den Vorteil, dass sie besonders unempfindlich gegenüber Feuchtigkeit sind, ihre Wärmeleistung länger im feuchten Zustand halten und sehr pflegeleicht sind. Das Naturprodukt Daune hat das bessere Wärme-Gewichts-Verhältnisses und einen hervorragenden Wärmerückhalt. Er ist

somit bei gleicher Temperaturleistung leichter als der Kunstfaserschlafsack.

Was sollten Kindern nachts im Schlafsack anziehen?

Die Nachtwäsche ist abhängig von der Temperatur und davon, wie übernachtet wird: im Zelt, im Freien oder in einer Hütte? Für das typische Nachtlager bei den Pfadfindern ist eine lange Unterwäsche zu empfehlen. So kann man ganz schnell aus dem Schlafsack hüpfen, wenn die Nachtwache Alarm schlägt, und den Bannerklau verhindern.

Zu meiner Kinderzeit, da gab es keine Schlafsäcke für Outdoor Kids. Da banden die Erwachsenen einfach einen Schlafsack unten ab. Warum sind reine Kinderschlafsäcke optimaler?

Seit 1984 entwickelt Jack Wolfskin Schlafsäcke für Kinder. Durch die langjährige Erfahrung sind sie bis ins Detail auf die Kinder abgestimmt und durchdacht. Genau wie die Kinder, wachsen unsere Grow-up-Schlafsäcke mit, damit der treue Begleiter möglichst lange einsatzbereit bleibt. Den Ansprüchen der kleinen Abenteurer müssen die Schlafsäcke gerecht werden, das heißt, sie sind besonders robust, haben eine Innentasche für Stirnlampe, Taschenmesser und Lieblingssticker. Die Füllung ist pflegeleicht und an den kälteempfindlichen Stellen zusätzlich wattiert, wie zum Beispiel an den Füßen.

Ein Kinderschlafsack braucht, wie der von einem Erwachsenen, eine gewisse Pflege und gehört hin und wieder in die Waschmaschine. Was gibt es dabei zu beachten?

Vor der Pflege des Schlafsacks schrecken viele zurück, jedoch ist es gar nicht so kompliziert. Jeder Schlafsack hat ein Pflegeetikett, wie man es von einem Bekleidungsstück kennt, an dem man sich wunderbar orientieren kann. Die meisten Schlafsäcke sind bei 30° oder

Frisches Stockbrot oder Knüppelkuchen vom Lagerfeuer schmeckt am besten.

40° in der Waschmaschine mit einem zusatzfreien Waschmittel zu waschen. Da Zusätze, wie z. B. Parfümstoffe, die Fasern in der Leistung beeinträchtigen, empfehlen wir ein rückstandsfreies Waschmittel wie den Jack Wolfskin Universal Cleaner Plus. Dann sollte man noch einen Blick auf die Waschmaschine werfen. Waschmittelreste sollte man vor der Wäsche entfernen und je nach Größe und Füllung des Schlafsacks das Fassungsvermögen überprüfen. Dieses sollte mindestens 8 kg, bei dickeren Schlafsäcken besser 15kg betragen. Der Schlafsack sollte gründlich gespült werden. Da nasse Schlafsäcke um ein Vielfaches schwerer sind als trockene, sollten sie mit Vorsicht aus der Maschine oder bei Handwäsche aus der Wanne gehoben werden.

Wie lagert man die Schlafsäcke richtig?

Der Schlafsack sollte auf keinen Fall im Transportbeutel gelagert werden. Am besten hängt man den Schlafsack in einem Staubschutz auf. Wenn der Platz zu Hause dafür nicht ausreicht, kann man ihn gesäubert und locker in einem Beutel oder Kopfkissenbezug an einem trockenen Ort lagern, zum Beispiel auf dem Kleiderschrank.

Knüppelkuchen direkt vom Feuer

Wenn es regnet, kann bei Outdoor-Aktivitäten die Stimmung sehr schnell in den Keller sausen. Schokolade ist in solchen Fällen bei Kindern und Eltern ein guter Seelentröster, doch es geht noch einfacher: Knüppelkuchen, das süße Gegenstück vom Stockbrot. Schmeckt lecker und ist auch für Kinder simpel herzustellen. Mehl, Zucker, Salz, Backpulver, Vanillezucker und das Wasser werden in eine Schüssel gekippt. Nun werden die ganzen Zutaten verrührt, bis ein Teig entsteht. Hier ist ganz schön Kraft gefordert, denn wer hat bei Outdoor-Abenteuern schon seine Küchenmaschine dabei? Nun stellen wir den Teig an einen kühlen Ort und warten zehn bis fünfzehn Minuten. Dann wird der Teig um die Spitze eines Holzstocks gewickelt, wie beim Stockbrot, und übers Feuer gehalten. Immer wieder drehen. Sobald der Knüppelkuchen schön goldig ist, wird er verspeist. Ein nettes Betthupferl oder ein toller Seelentröster!

Zutaten:

- 500 g Mehl
- 200 ml Wasser
- 1 Prise Salz
- 150 g Zucker
- 1 Päckchen Backpulver
- 1 Päckchen Vanillezucker

31 Wildwasserschwimmen
Die wilden Wasser im Allgäu

schwer — — —

Alter
Ab 12 Jahren

Tourencharakter
Geführte Canyoning-Tour

Anfahrt
Von Stuttgart kommend auf der A 8/A 7 bis zur Ausfahrt Oy und weiter nach Oberjoch; dann über Tannheim und Weißenbach nach Warth fahren

Ausgangs-/Endpunkt
Warth

GPS-Daten
47.266667, 10.183333

Einkehr
Gasthöfe in Warth

Karte
Kompass 1:50 000, Blatt 3 Allgäuer Alpen, Kleinwalsertal

Information
Warth-Schröcken Tourismus, 6767 Warth Nr. 32, Tel. +43/ 5583/35 15-0, www.warth-schroecken.com; Alpinschule Widderstein, Appt. Sonnenschein 9, 6767 Warth Nr. 32, Tel. +43/660/214 92 07, www.alpinschulewidderstein.com

Wildwasserschwimmen ist kein Abenteuersport, den man einfach mal so alleine ausprobieren sollte. Dazu ist das Ganze zu gefährlich. Im Allgäu und im angrenzenden Vorarlberg gibt es einige Touren, die es Familien ermöglichen, dieses nasse Abenteuer einmal auszuprobieren.

»Der Lech ist perfekt, um Adrenalin zu tanken!«, erklärt mir der Guide mit einem Grinsen im Gesicht. Denn anstatt gemütlich am Ufer des Alpenflusses zu wandern, wollen wir den Lechweg schwimmen. Es ist kühl in dieser wilden Schlucht. Die Morgensonne hat sich noch nicht bis in den Talgrund vorgekämpft. In einem schwarzen Neoprenanzug tapse ich an Land dem Wildwasserführer hinterher. Ich fühle mich wie in einem Bratenschlauch und der Schweiß läuft mir am ganzen Körper runter. Neben mir fließt rauschend noch mehr Wasser: Der Lech stürzt über Felstreppen hinab. Grün wie ein Smaragd ist hier sein Wasser, er ist einer der letzten wilden Flüsse, die es in den Alpen noch gibt.
»Das ist so eine Sache mit dem Lech«, erklärt mir ein erfahrener Wildwasserschwimmer. »Hat er zu viel Wasser, geht nix. Hat er zu wenig Wasser, geht auch nix!« Vom Wasserstand ist es abhängig, ob wir den Lechweg schwimmend erkunden können. Der Guide wusste es schon am Morgen: Es sind ideale Bedingungen, und nun weist er alle ein, er überprüft noch einmal, ob Schwimmweste und Helm richtig sitzen. Als Kälteschutz ist der enge Neoprenanzug unbedingt notwendig. Außerdem verleiht er einen gewissen Auftrieb und gibt eine sichere Wasserlage. Die nächsten vier Stunden kommen mir eigentlich wie eine halbe Stunde vor. Ich schwimme durch Walzen, deren Wasser über meinen Kopf zusammenschlagen, springe in tiefe natürliche Pools. Immer wieder versperren am Lechweg Felsstufen dem Fluss seinen Weg. Er rauscht kraftvoll darüber und zieht mich mit. Schwimmen im Wellenbad ist gegen dieses Outdoor-Abenteuer eine sehr lauwarme Angelegenheit. Der Guide zeigt uns,

wie wir richtig von den Klippen abspringen, und erklärt auch, warum wir hier im Wildwasser anders schwimmen müssen als im azurblauen 25-Meter-Becken. Mit seinen tiefen Stellen und seinen ungebändigten Stromschnellen überrascht und beeindruckt mich der Lech immer wieder. Angst habe ich an manchen besonders wilden Stellen, doch bevor ich groß in Panik verfallen kann, hat der Lech mich bereits weitergezogen und spuckt mich auf einer Kiesbank an Land. Immer wieder hat der Lech auch träge Passagen, und die sind ideal, um mich zu erholen. Ein Blick zur Seite auf die schroffen Felswände und ich bin mir sicher: Es gibt nichts Langweiligeres als ein Hallenbad! Bis Ende September ist das Schwimmen am Lechweg mit speziell ausgebildeten Führern möglich. Im Allgäu und im benachbarten Österreich herrscht kein Mangel an wilden Schluchten fürs Canyoning. Bei vielen Veranstaltern dürfen Kinder ab sechs Jahren mit, wenn sie körperlich fit sind und vor allem schwimmen können. Die erfahrenen Canyoning-Führer kennen auch Abkürzungen von Stellen, die für Kinder zu schwierig sind, und sichern die kleinen Abenteurer entsprechend. An Felsenstufen seilen sich die Teilnehmer einer Canyoning-Tour ins kristallklare und eiskalte Wasser hinunter. Sie springen in Gumpen und lassen sich durch ausgespülte Wasserrinnen in das nächste natürliche Becken spülen. Für die Kinder und Erwachsenen ist Canyoning eine ganz neue Erfahrung mit dem Element Wasser. Doch bevor es so weit ist, übt die ganze Familie an Land. Nur wer eine Einweisung bekommen hat, darf sich ins wilde Wasser wagen. Je nach Tourenlänge kann dieses Abenteuer zwischen drei und vier Stunden dauern. Nach einer Canyoning-Tour im Allgäu sehen die Kinder einen Gebirgsbach mit völlig anderen Augen.

Wenn den Kindern schwimmen im 25-Meter-Becken zu langweilig ist, dann sollten sie einmal mit einem ausgebildeten Führer im Wildwasser kraulen.

32 Alpe Melköde

Eine der schönsten Stellen im Kleinwalsertal

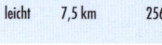

| leicht | 7,5 km | 256 m | 3 Std. |

Alter

Ab 8 Jahren

Tourencharakter

Leichte Rundwanderung

Anfahrt

Auf der B 201 bis Riezlern, von dort weiter über Hirschegg entlang der Schwarzwassertal-straße und hier der Beschilderung zur Ifenbahn folgen

Ausgangs-/Endpunkt

Parkplatz an der Ifenbahn

GPS-Daten

47.353889, 10.097222

Einkehr

Alpe Melköde

Karte

Kompass 1:50 000, Blatt 3 Allgäuer Alpen, Kleinwalsertal

Information

Kleinwalsertal Tourismus, Im Walserhaus, 6992 Hirschegg, www.kleinwalsertal.com

Im Allgäu sind die Grenzen fließend. Im wahrsten Sinne: Durch Flüsse oder über Berggipfel verlaufen die Ländergrenzen von Bayern und Österreich. Egal auf welcher Seite der Grenze wir uns befinden, die Alpe Melk-öde ist für Kinder und Eltern unvergesslich.

Mancher Modelleisenbahner hätte Mühe, eine Idylle zu schaffen, wie sie die Alpe Melköde ist. Doch was für Familien daran noch besser ist: Sie kommen ohne Quengelattacken hin. Unterwegs gibt es so gut wie keine langen Anstiege, der Weg ist außerdem für den Kinderwagen geeignet, wenn er mit entsprechend großen Reifen ausgerüstet ist. Und die wilden Wasserfälle, die sich direkt an der Alpe befinden, bleiben den Kindern lange im Gedächtnis. Weniger idyllisch beginnt unsere Wanderung am Parkplatz vor der Ifenbahn. Aus ganz Deutschland und Österreich kommen die Touristen hierher. Wir halten uns Richtung Schwarzwassertal und wandern am Lift und an der Auenhütte vorbei. Der Bach macht seinem Namen alle Ehre, tief dunkel ist sein Wasser gefärbt. Im höher gelegenen Teil befindet sich ein Moor und trübt den Bach. Auf dem breiten und gut ausgebauten Wanderweg geht es am Waldrand entlang. Links reicht der Blick hinein ins Schwarzwassertal und rechts ist immer wieder der Hohe Ifen zu sehen. Was auf den Wiesen im Schwarzwassertal auffällt, sind die vielen bunten Blumen. Hier haben Kuh und Biene die freie Auswahl an Spezialitäten. Bald ist die Alpe Melköde zu sehen. Die Wanderer bleiben stehen und knipsen mit dem Mobiltelefon oder der Fotokamera drauf los. Vor einer grandiosen Bergkulisse liegt diese Sennerei und neben ihr rauscht fotogen der Wasserfall hinab. Nun legen die Kinder beim Wandertempo noch mal nach. Schließlich wollen sie möglichst schnell am Wasserfall sein. Auch die Erwachsenen marschieren jetzt flotter, denn sie wollen einen sonnigen Platz vor der Alpe ergattern. Aus dem Jahr 1648 stammt das hier verwahrte Alpbuch. Ein wahrer Schatz! Wobei hier im Schwarzwassertal sicher schon

viel länger die Kühe weideten. Zwei Dinge brauchen diese Nutztiere: Wasser und eine saftige Weide. All das haben sie hier im
Kleinwalsertal und entsprechend unvergleichlich schmeckt auch
die Milch. Die Kinder kraxeln inzwischen auf den Felsen neben
dem Wasserfall herum und sind in kurzer Zeit entsprechend
nass. Doch auch bei den kleinen Abenteu-
rern meldet sich der Hunger. Sie kommen
von selbst und nehmen auf der Sonnenterrasse Platz. Was auf den Tellern und Brot-
zeitbretteln landet, stammt entweder von
der Alpe Melköde oder ist aus der Region.
So schmeckt das Kleinwalsertal: Würzig,
rauchig und mild. Auch die selbst gebacke-
nen Kuchen sind Erlebnisse für den Gau-
men. Da bestellen die Wanderer gerne noch
ein zweites Stück und mancher ringt mit
sich, bevor er einen dritten Kuchen verspeist, Kalorienbilanz hin
oder her. Mit etwas Glück können die Kinder zuschauen, wie
Käse, Quark und Alpbutter entstehen. Mit leckerem Käse im Gepäck wandert die Familie wieder zurück.

Gemütlich ist der Weg zur Alpe
Melköde und man genießt den
Blick auf den Ifen.

33 Breitachklamm

Ganz tief im Allgäu

leicht	4,3 km	167 m	1.30 Std.

Alter
Ab 5 Jahren

Tourencharakter
Rundwanderung durch die
Breitachklamm

Anfahrt
Auf der A 7 Richtung Füssen
bis zum Autobahndreieck Allgäu, dann auf der A 980 Richtung Lindau/Oberstdorf bis zur
Ausfahrt Waltenhofen; auf der
B 19 nach Oberstdorf und weiter Richtung Fischen; nach Tiefenbach abbiegen; die Klamm
ist ausgeschildert.

Ausgangs-/Endpunkt
Parkplatz Breitachklamm

GPS-Daten
47.4025, 10.228889

Öffnungszeiten
Sommersaison 9–18 Uhr, letzter Einlass 17 Uhr, Wintersai-
son 9–17 Uhr, letzter Einlass
16 Uhr

Preise
Erwachsene 4 €, Kinder 1,50 €

Einkehr
Gasthaus Walserschanze

Karte
Kompass 1:50 000, Blatt 3 Allgäuer Alpen, Kleinwalsertal

Information
Breitachklammverein, Klamm-
straße 47, 87561 Tiefenbach,
Tel. 08322/98 76 70,
www.breitachklamm.com

Vor etwa 10 000 Jahren entstand die Breitachklamm. Sie gehört zu den tiefsten Schluchten in den Bayerischen Alpen – ein Naturwunder, das Kinder und Eltern faszi-niert. Es führen verschiedene Touren durch diese wilde Schlucht, die auch für Kinder zu schaffen sind.

Vorsichtig schiebt sich die kleine Tochter an das Geländer heran. Sie hält sich mit beiden Händen dran fest und blickt ehrfürchtig hinunter auf den Grund der Breitachklamm. Hier tost der Ge-birgsfluss wild durch die engen Felswände. Wir wandern durch die tiefste Felsenschlucht Mitteleuropas. Das Wasser rauscht so laut, dass es von den Felswänden widerhallt. Bizarre Felsen hat die Breitach im Laufe der Zeit ge-schaffen. Am Ende der Würmeis-zeit, etwa vor 10 000 Jahren, schmolz der Breitachgletscher ab. Dabei setzte er unglaubliche Wassermassen frei. Diese fraßen sich auf 2,5 Kilometer durch den Engenkopf. Bis zu einer Höhe von 150 Meter durchbrach das Wasser den Schrattenkalk.

Am Parkplatz bei Tiefenbach geht es los. Hier steht ein Infor-mationszentrum und die Kinder spielen an einem Modell nach, wie die Breitachklamm entstand. Bestens informiert wandern wir also auf die Breitachklamm zu, der Weg durch die Klamm ist gut ausgebaut und immer leicht ansteigend. Wer mit den Kindern diese Schlucht gemütlich durchwandert, braucht etwa eine Stunde dafür. Es lohnt sich, immer wieder stehenzubleiben und auf den Grund der Schlucht zu sehen, wo die Breitach tobt. An

Linke Seite: Zu den beeindruckendsten Schluchten in Bayern gehört die Breitachklamm.

Am Eingang der Breitachklamm experimentieren die Kinder an einem Modell.

den ausgespülten Wänden ist zu erkennen, mit welchen unbändigen Kräften die Breitach bei der Schneeschmelze oder nach starken Regenfällen das Gestein ausspült. Hier ist auch eindrucksvoll markiert, wie hoch das Wasser in Extremfällen schon gestiegen ist.

Wir genießen die Tour und bleiben immer wieder stehen. Welche Kräfte die Breitach entwickeln kann, zeigen die gegen die Schluchtwände verkeilten Baumstämme. Auch von oben ergießt sich beständig Wasser in weiten Schleiern über die Felswände in die Klamm. Alle, die weniger wandern wollen, verlassen die Schlucht an der Walserschanze und fahren mit dem Bus zurück zum Eingang der Breitachklamm. Wer etwas mehr Zeit mitbringt, durchwandert mit den Kindern die Schlucht und steigt zur Alpe Dornach oder der Sesselalpe auf. Von hier führen Wege zurück zum Ausgangspunkt in Tiefenbach.

Expedition Nagelfluh

Ein markanter Gipfel im Allgäu ist das Hochgrat

| schwer | 5,5 km | 844 m | 5 Std. |

Alter
Ab 12 Jahren

Tourencharakter
Tageswanderung, die einiges an Kondition abverlangt

Anfahrt
Auf der A7 Richtung Füssen und am Autobahndreieck Allgäu rechts Richtung A 980 Lindau/Oberstdorf; bei der Ausfahrt Waltenhofen auf die B 19 Richtung Oberstdorf, bei Immenstadt auf die B 308 bis Oberstaufen, dort ist die Hochgratbahn ausgeschildert.

Ausgangs-/Endpunkt
Talstation Hochgratbahn

GPS-Daten
47.50966, 10.057730

Einkehr
Untere Stiegalpe, Untere Lauchalpe, Staufnerhaus, Bergrestaurant Hochgratbahn, Alpe Gund

Übernachtung
DAV-Hütte Staufnerhaus, Tel. 08386/82 55, www.staufner-haus.de

Karte
Kompass 1:50 000, Blatt 3 Allgäuer Alpen, Kleinwalsertal

Information
Oberstaufen Tourismus Marketing GmbH, Hugo-von-Königsegg-Straße 8, 87534 Oberstaufen, Tel. 08386/93 00-0, www.oberstaufen.de

Gleich die gute Nachricht für alle, die weniger gut zu Fuß unterwegs sind: Auf den Berg führt eine Seilbahn hinauf. Wer mit den Kindern Bergsteigen will, der unternimmt die Abenteuertour Expedition Nagelfluh.

»Wandern ist langweilig!«, meint so manches Kind, wenn es am Parkplatz an der Hochgratbahn aussteigt. Doch diese Ansicht ändert sich im Laufe des Tages. Allen, die den Berg hinaufgondeln, entgeht einiges. Wir gehen trotzdem zur Kasse der Bergbahn, denn hier gibt es für fünf Euro das Entdeckerbuch für die Kinder. Es ist wie ein altes Forschertagebuch gemacht und führt uns auf Schnitzeljagd in die Allgäuer Berge. Wir marschieren los und halten uns rechts in den Wald. Auf einem geteerten Weg geht es hinauf, wir folgen dem Wegweiser zur Unteren Lauchalpe, die wir bald erreicht haben. Hier bietet sich die erste Gele-

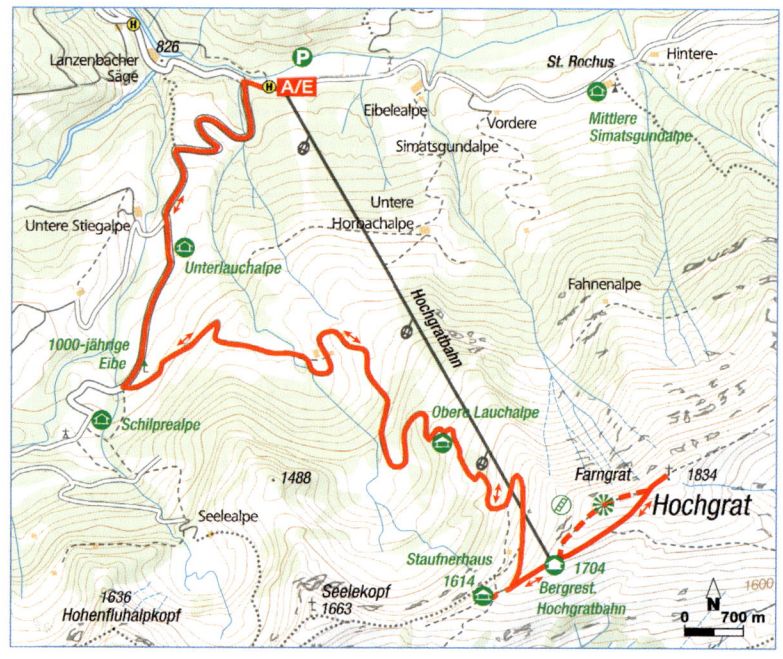

genheit zur Einkehr. Den Kindern tut die Pause gut. Weiter geht es bergauf. Nun gibt es etwas Besonderes zu sehen: eine Eibe, die über 1000 Jahre alt sein soll. Der historische Baum steht unübersehbar auf einer Weidefläche. Nach diesem Naturdenkmal gabelt sich der Weg. Wir steigen links hinauf und wandern mit den Kindern durch Bergwiesen. Wenn die Stimmung bei den kleinen Wandersleuten kippen sollte, kommt jetzt im richtigen Moment die Obere Lauchalpe, die das ganze Jahr über geöffnet ist. Nun geht es steiler bergauf. Links surrt die Hochgratbahn, immer wieder haben wir einen tollen Blick auf unser Tagesziel: den Gipfel vom Hochgrat. Richtig steil sind die letzten Meter zur Bergstation der Seilbahn. Hier halten wir uns links. Es gibt zwei Varianten, um auf den Gipfel zu kommen: entweder am Grat entlang, das mit Stahlseilen gesichert ist, oder man wandert den breiten Wanderweg unterhalb des Grates. Dann kommt die Station der Expedition Nagelfluh. Hier erfahren wir einiges über die Nagelfluhkette und können einen Teil des geheimnisvollen Forschertagebuches lösen. Weiter steigen wir zum Gipfel auf, dem höchsten Punkt der Nagelfluhkette. Der Ausblick ist gigantisch: Über die Allgäuer Berge bis zum Bregenzer Wald reicht die Sicht. Bergdohlen treiben sich gerne am Gipfel herum und stibitzen den Wanderern ihre Pausenbrote. Für den Abstieg nehmen wir nicht die Seilbahn, sondern folgen unserem Hinweg zu Fuß, so können wir unterwegs zum Staufnerhaus abbiegen. Wer hier die Käsespätzle nicht probiert, der ist selbst schuld. Deren delikater Duft verbreitet sich schnell vom Nebentisch und plötzlich kommt der Appetit. Hier haben wir auch die Möglichkeit zu übernachten, eine vorherige Reservierung ist aber sinnvoll. Auf dem Hinweg geht es nun hinunter zur Talstation der Hochgratbahn.

Bei der Expedition Nagelfluh wandern die Kinder auf den Hochgrat-Gipfel.

35 Imberg

Herrgottsbeton, Schumpn und eine verkehrte Welt

leicht	6,5 km	230 m	3 Std.

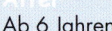

Alter

Ab 6 Jahren

Tourencharakter

Leichte Rundwanderung mit Spielstationen

Anfahrt

Auf der A 7 Richtung Füssen und am Autobahndreieck Allgäu rechts Richtung A 980 Lindau/Oberstdorf; bei der Ausfahrt Waltenhofen auf die B 19, Richtung Oberstdorf; bei Immenstadt auf die B 308 bis Oberstaufen; links auf die ST 2005 wechseln und kurz darauf wieder links auf die OA 25 Richtung Weißach/Steibis; der Straße folgen bis zur Imbergbahn

Ausgangs-/Endpunkt

Talstation Imbergbahn

GPS-Daten

47.510040, 10.019680

Einkehr

Imberghaus, Alpe Glutschwanden, Hochbühl-Alpe

Karte

Topographische Karte 1:50 000, Blatt 8 Allgäuer Alpen

Information

Oberstaufen Tourismus Marketing GmbH, Hugo-von-Königsegg-Straße 8, 87534 Oberstaufen, Tel. 8386/930 00, www.oberstaufen.de

Beim Alpenerlebnispfad am Imberg geben die Kinder das Tempo vor. Unterwegs gibt es an 16 Mitmachstationen und Infotafeln viel zu tun und Interessantes über den Lebensraum Allgäuer Alpen zu erfahren. Mit seinen drei Spielplätzen gibt es auf dem abwechslungsreichen Wanderweg garantiert keine quengelnden Kinder.

»Wo bleibt ihr denn?«, rufen mir Lilli (6) und Franka (3) zu. In einem Pulk von Kindern laufen sie auf dem Alpenerlebnispfad voraus. Mit den anderen Eltern folgen wir in einem Tross aus Kinderwagen den begeisterten Kleinen. Verkehrte Welt. Auch andere Eltern wundern sich über den eigenen Nachwuchs, der ohne zu quengeln leichtfüßig wie Gämsen wandert.

Seitdem wir mit der Seilbahn den Imberg hochgegondelt sind, können es die Kinder kaum mehr erwarten und stürmen auf

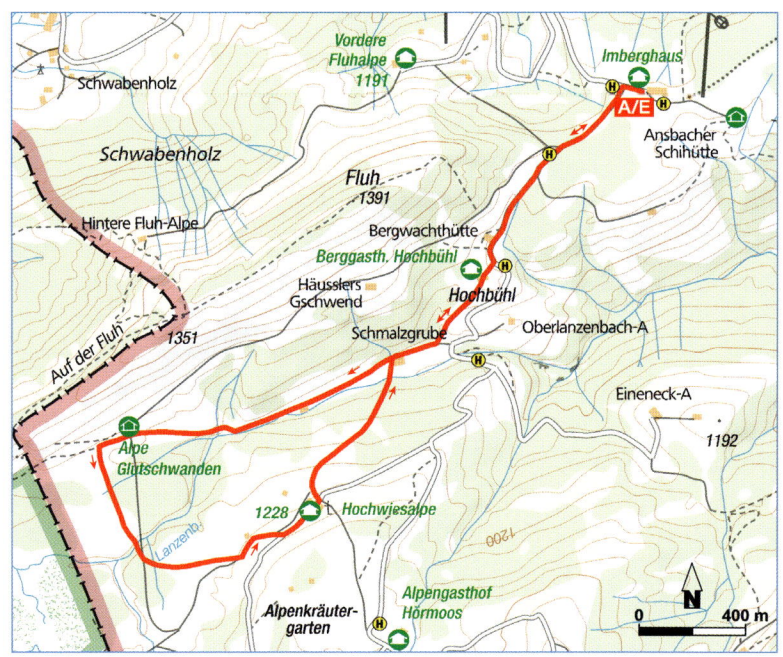

dem gut ausgebauten Weg sofort los. Zuerst führt uns der Alpenerlebnispfad durch einen Wald. Plötzlich ist von den kleinen
Bergsteigern nichts mehr zu sehen. Wir Eltern schwärmen aus
und suchen die Kinder. Alle haben sich in einer alten Fichte versteckt. Sogar Franka sitzt auf einem dicken Ast über meinem

Kopf. »Franki selbst raufklettert!«, verkündet die Dreijährige
stolz. Die ersten Infotafeln am Weg erklären kindgerecht und
auch für uns Eltern interessant, was der Herrgottsbeton ist, so
nennen die Allgäuer das spezielle Gestein der Nagelfluhkette.
Mit Hammer und Meißel können sich die Kinder selbst an der
Mitmachstation von der Härte des Gesteins überzeugen. Es dauert zwar eine Weile, bis jedes Kind gehämmert hat, aber alle zeigen einen unglaublichen Eifer. In einem ungewohnt flotten
Tempo gehen die Kinder weiter. Auf einem Miniklettersteig
sehen wir sie alle wieder. Direkt neben dem Weg kraxeln die Kinder nach Herzenslust und völlig ungefährlich. In zwei unterschiedlichen Höhen sind dafür Fixseile gespannt. Auf den nächsten Kilometern erfahren wir Stadtmenschen auf Infotafeln, wie
aus Milch leckerer Käse entsteht. Die erste Abzweigung nach der
Bergwachthütte zur kleinen Runde (2,4 km) lassen wir links liegen und gehen weiter. An einer Holzkuh melken die Kinder um
die Wette. »Das geht aber ganz schön in die Arme«, findet Lilli.

Tolle Mitmachstationen erwarten
die Kinder beim Alpenerlebnispfad auf dem Imberg. Hier wandern die Kleinen wie von alleine.

Nahe der Grenzhütte setzen wir uns alle ins Gras und es gibt Mittagessen aus den Rucksäcken. Als wir weitergehen, laufen die Kleinen wieder voraus. Selbst bei der bewirtschafteten Alpe Glutschwanden kommen keine Forderungen nach einem Eis, obwohl manche Eltern gerne kurz einkehren würden. Dafür greifen wir alle zur Säge. An der Mitmachstation gilt es, einen Baumstamm durchzuschneiden. Nun entsteht bei den Papas ein Wettkampf: Wer kann wie schnell das Holz durchsägen? Bei der Alpe besteht die Möglichkeit, auf die mittlere Runde (5,2 km) abzubiegen, doch die Kinder haben anders entschieden. Am Lanzenbach warten sie bereits und krakeelen uns die nächste Frage entgegen: »Wie viel trinkt eine Kuh am Tag?« Die Antwort erarbeiten sich die kleinen Wanderer mit vereinten Kräften selbst. Mit einem angebundenen Eimer holen sie Wasser aus dem Bach und schütten es in einen Trog. Dieser fasst so viel Wasser, wie eine Kuh pro Tag trinkt: 60 bis 120 Liter! Franka ist so was von stolz, als sie den großen Eimer auch tragen darf. Doch das nächste Abenteuer wartet bereits auf die Kinder: eine Hängebrücke. Zuerst vorsichtig und später immer schneller steigen sie durch die Taue der Seilkonstruktion. »Das ist ein Abenteuer ganz nach meinem Geschmack!«, zitiert Lilli ihre Lieblingsheldin Pipi Langstrumpf. Wir durchqueren auf halbem Weg zur Alpe Hochwies ein Hochmoor. Bei der nächsten Station ziehen die Kinder ihre Schuhe und Strümpfe aus, um das Moor barfuß zu erfühlen. Mit gutem Zureden und einigen Zugeständnissen können wir unsere Kinder überzeugen an der Alpe Hochwies eine Pause einzulegen. Während wir Eltern zusammensitzen, toben unsere Kleinen am Spielplatz vor einer imposanten Bergkulisse. Die Kinder drängen, nachdem sie ganze Berge an Kuchen gegessen haben, zum Abmarsch. Es geht hinab in die Schmalzgrube. Hier müssen wir den Lanzenbach überqueren. Dazu fordert die Mitmachstation unsere Kreativität: Baut euch einen Damm. Sofort zeigen uns die Kinder, was sie in der Mittagspause geübt haben und schleppen wieder Felsbrocken und große Steine heran. In kurzer Zeit können alle, die wollen, über diese Konstruktion das andere Ufer erreichen. Steil führt uns der Weg nun hinauf zur Hochbühl-Alpe. Hier gibt es ein Wildgehege mit Tieren aus dem Allgäu. Die Kinder sind außer sich vor Freude. Den letzten Kilometer zurück zur Imbergbahn steigt Franka freiwillig in die Kinderkraxe und schläft sofort ein. Uns alle, Kinder wie Eltern, hat der Alpenerlebnispfad am Imberg überrascht.

Rechte Seite: Wie viele Liter trinkt eine Kuh am Tag? Die Kinder füllen mit dem Eimer aus dem Bach eine Wanne, deren Volumen so groß ist wie der tägliche Durst einer Kuh!

36 Erzgruben am Burgberg

Auf den Spuren der Bergleute

| leicht | 6 km | 138 m | 3 Std. |

Alter
Ab 6 Jahren

Tourencharakter
Leichte Wanderung

Anfahrt
Auf der A 7 bis Dreieck Füssen; auf die A 980 Richtung Lindau wechseln, dann auf die B 19 Richtung Oberstdorf und bei der Abzweigung Richtung Burgberg abbiegen

Ausgangs-/Endpunkt
Parkplatz des Steinbruchs am Ortseingang Burgberg

GPS-Daten
10.301053, 47.574135

Öffnungszeiten
30. April bis 30. Oktober täglich 10.30–17 Uhr

Preise
Museumsdorf Erwachsene 5 €, Kinder 6–14 Jahre 3,50 €, Familien 12 €; Museumsdorf mit Grubenführung Erwachsene 7,50 €, Kinder 6–14 Jahre 4,50 €, Familien 18 €

Einkehr
Im Museumsdorf

Karte
Kompass 1:50 000, Blatt 3 Allgäuer Alpen, Kleinwalsertal

Information
Erzgruben Burgberg e. V., Grüntenstraße 2, 87545 Burgberg, www.erzgruben.de

Berge, Kühe, Wasserfälle, glasklare Seen, tiefe Wälder – so stellen sich viele das Allgäu vor. Doch im Allgäu rauchten früher auch die Kamine, um Erz zu schmelzen. Am Grünten schlugen die Bergleute in den stickigen Stollen das Erz aus dem Felsen. Mit den Kindern gibt es eine wunderbare Wanderung bei den Erzgruben.

»Der Grünten ist der Ruhrpott des Allgäus gewesen«, erklärt ein Museumsführer stolz den Kindern. Für die Kleinen gibt es eine Wissensrallye mit dem lustigen Maulwurf als Maskottchen. Das beflügelt die Kinder und sie wandern mit viel Spaß drauf los. Gemeinsam unternehmen wir eine Zeitreise bis zur Entstehung der Alpen. Im Dorf Burgberg, am Fuß des Grünten, geht es los. Wer möchte, fährt mit dem Erzgruben-Bähnle bergauf zu den Erzgruben. Für die Fußgänger geht es auf einer kleinen Straße

stetig hinauf. Oben angekommen stehen wir vor dem Museums-
dorf. Es sind kleine Blockhütten, die über ein Areal verteilt sind.
Hier erfahren wir viel über die Geologie der Allgäuer Berge.
Auch das harte Leben der Bergarbeiter ist anschaulich dargestellt. Die Kinder dürfen sogar einen voll beladenen Grubenhunt
zwei Meter ziehen. Sie schaffen es kaum. Dabei mussten zur Blü-
tezeit des Bergbaus die Kinder das Erz aus den Gruben schaffen.
Auf dem Museumsgelände ist auch eine alte Schmiede zu sehen.
An manchen Tagen dürfen hier die Kinder einem richtigen
Schmied bei seiner Arbeit zusehen. Im Freigelände sind auch
verschiedene einfache Schmelzöfen nachgebaut. Im 14. Jahrhundert begann der Erzabbau. Aus dem Jahr 1471 stammt die älteste
Urkunde, die den Bergbau am Grünten erwähnt. Davon ist heute
der Andreas-Tagebau zu sehen. Schmal ist diese Felsspalte, in
der die Bergleute mühsam das Erz abbauten. Später begann der
Abbau unter Tage. Heute sind bei einer geführten Wanderung

»Wie gut, dass die beiden mit den
Mützen eingezäunt sind. Muh!«

Linke Seite: Am Grünten schlugen
früher die Bergleute das Erz aus
den Stollen. Heute gibt es hier
eine interessante Rundtour mit
Wissensrallye für die Kinder.

die Anna-Grube und die Theresien-Grube zu besichtigen. Bevor es in die Grube geht, bekommen die Kinder einen Schutzhelm aufgesetzt. Im Bergwerk ist es stickig. »Mit Kienspänen erleuchteten die Bergleute die Dunkelheit im Stollen. Wir haben es einmal ausprobiert und mussten wenige Minuten später hustend ins Freie flüchten!«, erklärt ein Museumsführer. Den halben Tag verbrachten die Bergmänner im feucht-nassen Stollen. Entsprechend kurz ist die Lebenserwartung der Knappen gewesen. Deshalb trugen die Bergleute auch Kapuzen, die an Gartenzwerge erinnern. So konnte das ständig herabtropfende Wasser an ihnen ablaufen. Zu sehen gibt es in den Stollen auch Versteinerungen, die dran erinnern, dass hier einmal ein Meer gewesen ist. 1853 begann das Ende vom Erzabbau am Burgberg. Es kam mit der

In der Unterwelt des Grünten

Eisenbahn. Dadurch wurde es unrentabel, das Erz hier abzubauen. Die nun arbeitslosen Bergleute wanderten aus: ins Ruhrgebiet und in die USA, um dort wieder unter Tage zu arbeiten. 1936 untersuchten noch einmal Experten das Erz am Burgberg und stellten fest, dass der Abbau zu unrentabel ist. Um Unfälle zu vermeiden, sprengten sie die Eingänge zu den Stollen. Es wuchs Gras über die Erzgruben am Grünten, bis sich Ende der 80er-Jahre Hobbyforscher auf die Suche nach den alten Stollen machten und diese auch fanden.

Rechte Seite: Am Wasseramselsteig lernen die Kinder, was für ein vielfältiges Ökosystem ein Gebirgsbach ist.

Wasseramselsteig

Klettersteig im Bach

Manche Väter freuen sich auf den Besuch in Rettenberg. Dieser Ort nennt sich selbst das Brauereidorf. Doch anstatt Bier zu probieren, macht es mehr Spaß, den Wasseramselsteig zu gehen. Ein Teil davon befindet sich in einem Wildbach und die Kinder sind in Anglerhosen und Klettergurte im eiskalten Wasser unterwegs.

Mit dem Leiterwagen ziehen wir vor dem Freibad von Rettenberg los. Die Anglerhosen für die Kinder, die Klettersteigsets und die Forscherrucksäcke liegen darauf. Nach einer kurzen Passage auf der Straße wandern wir an der Brauerei Zötler vorbei zum Galetschbach. Er ist gut gefüllt und wild schlagen kleine Wellen hoch. Wir überqueren eine kleine Brücke und halten uns rechts. Dreizehn Stationen erklären uns Interessantes zum Thema Was-

leicht · 2,6 km · 50 m · 1.30 Std.

Alter
Ab 6 Jahren

Tourencharakter
Erlebnispfad am Galetschbach; Höhepunkt ist der Wasseramselsteig, ein Klettersteig im Wasser; geeignet ist er für Kinder ab 1,10 Meter.

Anfahrt
Auto: Auf der A 7 Ulm–Füssen bis zur Autobahnausfahrt Dreieck Allgäu, hier die Ausfahrt 136 nehmen und in Richtung Lindau/Oberstdorf weiterfahren; auf der A 980 bis zur Ausfahrt 3 Waltenhofen, nun in Richtung Immenstadt, Sonthofen, Oberstdorf fahren; weiter auf der B 19 bis zur Ausfahrt Rettenberg/Blaichach/Burgberg und von dort nach Rettenberg; im Ortszentrum ist das Freibad ausgeschildert. Bahn/Bus: Mit dem Zug nach Immenstadt, von dort mit dem Bus nach Rettenberg

Ausgangs-/Endpunkt
Rettenberg, Parkplätze am Minigolfplatz

GPS-Daten
47.57242, 10.29376

Einkehr
Café Griaß Di Rettenberg

Information
Tourist Info Rettenberg, Bichelweg 2, 87549 Rettenberg, www.rettenberg.de

ser. Bei der ersten Infotafel erfahren die Kinder und Erwachsenen, wie viel wertvolles Wasser nötig ist, um ein T-Shirt oder ein Auto herzustellen. Begeistert, wie die Kinder nun sind, laufen sie voraus zur nächsten Tafel. Wir Eltern ziehen den Leiterwagen so schnell es geht hinterher. An der nächsten Station angekommen gibt es eine Menge Wissenswertes über Quellen. Und weiter flitzen die Kinder am Galetschbach entlang. Nun lösen sie eine Mitmachaufgabe. Mit Wassereimern versuchen sie zwei hölzerne Mühlräder anzutreiben. »So schnell wenn sie zu Hause auch mal wären!«, meint eine Mutter. Die Kinder sind im Spiel vertieft und nach kurzer Zeit nass. Nur widerwillig wollen sie weitergehen. Doch uns erwartet der Höhepunkt des Wasseramselsteigs: ein

Klettersteig im Wasser. Nun ziehen die Kinder endlich die Anglerhosen an, die auf dem Leiterwagen liegen. Anschließend schlüpfen sie in den Klettergurt, an dem bereits das Klettersteigset befestigt ist. Im Galetschbach stehen Stahlpfosten, die mit einem Stahlseil verbunden sind. Vorsichtig steigen die Kinder in den Bach hinab. Mit den Karabinern klinken sie sich ins Stahlseil ein und arbeiten sich langsam vor. 20 Minuten sind die Kinder unterwegs. Gemeinsam helfen sie sich durch das wilde Wasser. Kaum sind sie wieder an Land angekommen, wollen sie nur eines: noch mal den Klettersteig im Galetschbach absolvieren. Mit den Fischerhosen stapfen sie am Ufer zurück, steigen zum Wasser ab und klinken sich wieder ein. Fünfmal sind sie den Steig gegangen. Geeignet ist der Klettersteig für Kinder, die mindestens sechs Jahre alt und 1,10 Meter groß sind. Die Fischerhosen und die Klettergurte kommen wieder auf den Leiterwagen. Wir wandern zur nächsten Station weiter. Hier geht es sportlich zu. Im Boden stecken verschiedene Tafeln, die zeigen, wie weit ein Tier springen kann. Immerhin 70 Zentimeter kommt eine Waldmaus weit. Das schaffen die Kinder spielend. Etwas schwerer ist es, die Weite des Hasen zu überbieten, der immerhin zwei Meter weit kommt. So manche Eltern scheitern am Reh, das vier Meter springen kann. Begeistert stürmen die Kinder am Galetschbach weiter. Unter dem Motto »Forscher- und Entspannstation« steht die sechste Station. Hier holen die Kinder aus den ausgeliehenen Rucksäcken ihre Becherlupen und Siebe heraus. Damit untersuchen

sie das Wasser und die Pflanzen sowie Tiere, die dort leben. Wer will, kann bei einem Kneippbad die Füße entspannen. An der folgenden Station schauen die Kinder mich ein wenig enttäuscht an. Hier sollen sie die Stille der Natur hören. An der Hörmuschel der Natur lauschen die kleinen Wanderer gespannt, was es alles an Geräuschen gibt: Das Plätschern des Galetschbachs, wie der Wind in den Bäumen rauscht, ein Vogel, der pfeift, und vieles mehr. Nun kommen wir zum Vogel, der dem Steig seinen Namen gab: die Wasseramsel. Wir halten uns ganz still und tatsächlich, dieser kleine Vogel flattert von einer Uferseite zur anderen und taucht immer wieder unter Wasser. Um satt zu werden, muss die Wasseramsel pro Tag etwa 1000 Tauchgänge unternehmen. Wie eine Quelle entsteht, das experimentieren die Kinder bei der neunten Station. Dazu holen sie mit einem Eimer Wasser aus dem Galetschbach und gießen es in einen Trichter, der die Bodenschichten nachbildet. An der nächsten Station erleben die Kinder, mit den Augen der Tiere die Natur zu sehen, und sind begeistert. Was ein Trittsiegel ist, das erfahren die Familien auf der Spur der Wildtiere. An der Infotafel sehen sie, wie die Spuren der unterschiedlichen Tiere aussehen. Hörproben vom Warzenbeißer bis zum Graureiher gibt es an der Station 12. Am Ende des Wasseramselsteigs steht der Naturspielplatz Hasengarten. Hier toben sich die Kinder aus und haben einen wunderbaren Blick auf den Grünten. Was die Kleinen allerdings weniger interessiert. Mit unserem Leiterwagen zockeln wir zurück nach Rettenberg und lassen den Tag im Freibad ausklingen.

Karabiner einklinken und ab geht es auf dem Klettersteig mitten im Aletschbach.

38 Heiße Kurven auf der Alpspitz

Mit dem Schlitten ins Tal

schwer	3,8 km	380 m	2 Std.

Alter
Ab 6 Jahren

Tourencharakter
Schwere Schlittenfahrt

Anfahrt
Auf der A 7 Richtung Füssen bis Oy-Mittelberg und von dort Richtung Nesselwang; nach nur vier Kilometern sind die Talstation der Alpspitzbahn und der Familienlift erreicht.

Ausgangs-/Endpunkt
Parkplatz Talstation der Alpspitzbahn an der Alpenstraße

GPS-Daten
47.617727, 10.506520

Preise
Bergfahrt bis Mittelstation 4 €

Einkehr
Enzianstüble, Liftstüble, Kappeler Alp, Sportheim Böck Mountain Lodge, Berggaststätte Kronenhütte

Karte
Topographische Karte 1:25 000, Blatt Nesselwang Ost

Information
Tourist-Info Nesselwang, Hauptstraße 20, 87484 Nesselwang, Tel. 08361 923040, www.nesselwang.de

Schwer, richtig schwer ist die vier Kilometer lange Naturrodelbahn an der Alpspitz. 380 Höhenmeter geht es runter und die 13 Kurven haben es in sich, besonders, wenn manche Passagen vereist sind. Mühsam ist der Aufstieg an der Rodelbahn entlang. Für alle, die nur beim Rodeln schwitzen wollen, gibt es die Seilbahn.

»Am Wochenende brauchst des net bringen!«, erklärt ein Allgäuer Schneeschuhgeher deutlich die Situation. Auch er steigt an einem Werktag mit dem Schlitten an der Naturrodelbahn die Alpspitz hinauf. Der Einheimische weiß noch mehr zu berichten: »Da kommt einer nach dem anderen runtergsaust! Manche haben die Schlitten nicht mehr unter Kontrolle!« Wer ohne Lift an dieser spektakulären Rodelbahn aufsteigt, tut dies nur am Rand. Los geht es am Parkplatz in der Alpenstraße von Nesselwang. Rechts ist die Familienabfahrt mit dem Familienlift. Links geht es parallel zum Mühlbach in den Wald hinein. Wir folgen den Wegweisern Richtung Maria Trost. Vom ersten Kilometer an geht es steil bergauf. Wichtig ist: Immer am Rand gehen, um so einen Zusammenstoß mit den Rodlern zu vermeiden. Nach einem Kilometer ist eine doppelte S-Kurve erreicht. Wer runterrodelt, erinnert sich später sicher an diese höchst anspruchsvolle Passage. Weiter geht es auf der zugeschneiten Forststraße am Waldrand entlang. Bald gabelt sich der Forstweg. Links führt der Abzweig zur Wallfahrtskirche Maria Trost. Alle, die sich für die Rodelfahrt göttlichen Beistand erhoffen, wandern dorthin. Ansonsten geht es rechts weiter bergan. Der Weg führt wieder in den Wald hinein und eineinhalb Kilometer von der Abzweigung entfernt ist der Start der Rodelbahn erreicht. Für diejenigen, die mit der Alpsitzbahn heraufgegondelt sind, ist der Zustieg alles andere als ungefährlich. Sie müssen nämlich die Skipiste überqueren. Am Start steht ein blaues Schild mit dem Streckenverlauf. Spätestens jetzt dämmert es manchem, dass es eine weniger gute Idee ist, hier ohne Helm zu fahren. Sicher, bei einem Sturz

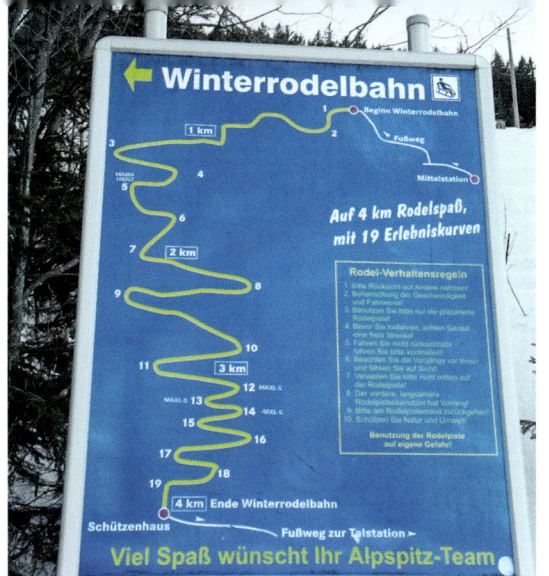

bricht die Strickmütze nicht auseinander, aber im schlimmsten Fall das, was drunter ist. Nun geht es den ganzen Weg wieder hinunter nach Nesselwang. Einem Steilstück unmittelbar nach dem Start folgt ein eher flacher Zieher. Manche Schlittenpiloten, die zum ersten Mal hier runterfahren, wundern sich und sind überzeugt, dass alles Gerede über diese schwere Rodelbahn nur übertrieben ist. Diese Überzeugung ändert sich aber schnell und nachhaltig! Nach einer scharfen Links-rechts-Kurvenkombination geht es auf einer langen Geraden durch den verschneiten Wald. Wenn der Untergrund leicht vereist ist, dann baut der Schlitten hier richtig Geschwindigkeit auf. 400 Meter brettern die Rodler dahin. Je nach Zustand der Rodelbahn sind Rippen und Löcher im Untergrund. Hier lernen manche Schlittenfahrer zu fliegen. Es folgt eine scharfe Linkskurve. Wer zu schnell dran ist, findet sich im Wald wieder. Rasend schnell geht es an der Abzweigung nach Maria Rast vorbei. Wenn es sonnig ist, verliert der Schlitten am Waldrand an Geschwindigkeit. Am besten nutzt man hier die Verschnaufpause für das sportliche Finale. Im Wald wartet nun Kehre auf Kehre. Hier ist es gut, wenn wenig andere Rodler unterwegs sind. Wer schließlich durchgeschüttelt im Ziel angekommen ist, der stimmt dem Einheimischen zu: »Am Wochenende brauchst des net bringen!«

13 Kurven verlangen den Schlittenpiloten alles ab!

39 Alpsee

Baden wie bei Königs

mittel	5,5 km	165 m	2.30 Std.

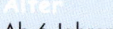

Alter
Ab 6 Jahren

Tourencharakter
Rundwanderung an einem der schönsten Bergseen

Anfahrt
Auf der A7 Richtung Füssen bis zur Ausfahrt Füssen; Schwangau und die dortigen Parkplätze sind ausgeschildert.

Ausgangs-/Endpunkt
Schwangau

GPS-Daten
47.577853, 10.738305

Einkehr
Am Seebad oder in Schwangau

Karte
Topographische Karte 1:50000, Blatt Füssen und Umgebung

Information
Tourist-Info Schwangau, Münchener Straße 2, 87645 Schwangau,
Tel. 08362/81980,
www.schwangau.de

Schwangau zieht die Touristen an. Aus der ganzen Welt kommen die Besucher, um die Schlösser Neuschwanstein und Hohenschwangau zu sehen. Doch es geht auch ruhiger: Am Alpsee befindet sich eines der schönsten Seebäder in ganz Bayern mit einem königlichen Ausblick!

»Oh my god! Cinderella Castle!«, bricht es aus einer amerikanischen Touristin heraus. Schnell wie ein Revolverheld im Wilden Westen zückt sie ihr Mobiltelefon, um sich selbst mit dem Schloss Neuschwanstein im Hintergrund zu fotografieren. Es herrscht ein Sprachengewirr auf dem Weg zum Ticketschalter. Scheinbar aus allen Ländern treffen sich in diesem Allgäuer Ort die Menschen. Von den weißen, leicht angerosteten Postkartenständern, aus Schaufenstern und Glaskästen lächelt ER huldvoll den Massen zu: Ludwig II. von Bayern. Wegen ihm und seinen Schlössern sind sie aus der ganzen Welt hierhergekommen. Die Kinder sind völlig aus dem Häuschen. Zum einen sind es ihnen zu viele Menschen auf einmal und zum anderen prasseln etliche Eindrücke auf sie ein. Mit dem Rucksack, in dem unsere Badesachen sind, kämpfen wir uns bis zum Ufer des Alpsees durch. Hier ist es schon etwas ruhiger. Wer den See umrunden will, der hält sich rechts, das Ufer ist knapp fünf Kilometer lang. Alle anderen wandern links. Nach wenigen Minuten herrscht plötzlich Stille. Wir sehen kurz zurück nach Schwangau. Eine Gruppe asiatischer Touristen postiert sich vor dem Seeufer. Die meisten von ihnen haben spezielle Stöcke dabei, an denen sie die Mobiltelefone befestigen, um sich damit selbst zu fotografieren. Am Ufer entlang, immer schön im Schatten der Bäume, wandern wir zum Seebad. Hier scheint die Zeit stehen geblieben zu sein. Das Eingangstor ist aus Holz und es sieht so nostalgisch aus, dass eigentlich im nächsten Moment ein königlich bayerischer Gendarm mit Pickelhaube und Säbel um die Ecke kommen könnte. Moderat ist der Eintritt und auf der gepflegten Liegewiese ist ge-

nügend Platz. Für die ganz kleinen Besucher ist ein abgetrennter Flachwasserbereich angelegt. Trotzdem sollten die Eltern immer auf die Knilche aufpassen. Für alle Größeren führt ein Steg in den Alpsee hinein. Um dort zu schwimmen, ist eine gewisse Selbstbeherrschung notwendig. »Da muss ja eine direkte Verbindung zum Eismeer bestehen!«, mutmaßt ein Schwimmer, der aus dem Wasser kommt. Schnell trocknet er sich ab und legt sich in die Sonne. Wahrscheinlich ist dieses Seebad das einzige in Deutschland, das einen Ausblick auf zwei Königsschlösser hat. Viele Kinder sind hier, um zu planschen, und so finden meine drei Töchter schnell Anschluss. Plötzlich bin ich total vergessen. Doch als der erste Hunger kommt, erinnern sich die Mädels wieder, dass es mich gibt, und sie kommen angelaufen. Schnell haben sie die mitgebrachte Brotzeit verdrückt. Wir gehen zum Kiosk, an dem die Preise familienge-

Im Seebad am Alpsee genießen wir einen majestätischen Blick auf zwei Königsschlösser. Da kann kein Spaßbad mithalten!

recht sind. Eine wunderbare Idylle ist dieses Seebad. Wohin ich auch schaue: Wälder, Berge oder Königsschlösser. Ein gewaltiger Vorteil ist, dass dieses Freibad nur zu Fuß oder mit dem Fahrrad zu erreichen ist. So bleibt ein Massenansturm aus und das Bad im Alpsee ist immer noch ein Geheimtipp. Am Abend gehen wir gemütlich am See entlang zurück nach Schwangau. Dort ist die Flut der Touristen abgeebt. Die Souvenirhändler ziehen ihre Postkartenständer in die Läden. Zum Abschied lächelt uns Ludwig II. aus einem Schaufenster huldvoll zu.

Beim Rundweg um den Alpsee gibt es wunderbare Ausblicke auf die Allgäuer Berge.

Tegelberg

Den bayerischen Königen ganz nah

Die Bergwanderung zum Tegelberg und hinunter zum Schloss Neuschwanstein kann für kleine Kinder mithilfe der Bergbahn um den Aufstieg verkürzt werden. Sie führt zu drei Bauwerken der bayerischen Könige.

»Wo ist hier der König?«, wollen die Kinder wissen, als wir vor dem Tegelberghaus stehen. Für die Kinder ist es eine Berghütte wie jede andere auch, doch hier stehen wir vor der früheren Jagdhütte, die Maximilian II. Joseph erbauen ließ. Er ist der Vater von Ludwig II. und dessen Bruder Otto I. Auch wenn die Hütte karg wirkt, der Ausblick mit dem Forggensee zu unseren Füßen ist königlich. Es gibt zwei Möglichkeiten, dorthin zu kommen. Wer kleinere Kinder hat und seine Kondition schonen möchte, nimmt die Bergbahn und gondelt hinauf. Wer es sportlich liebt, wandert an der Talstation der Tegelbergbahn zur Sommerrodel-

			⏱
schwer	17 km	1330 m	7 Std.

Alter
Ab 10 Jahren

Tourencharakter
Schwere Bergwanderung

Anfahrt
Auf der A 7 Richtung Füssen bis zur Ausfahrt Füssen; Schwangau und die Tegelbergbahn sind ausgeschildert.

Ausgangs-/Endpunkt
Talstation Tegelbergbahn

GPS-Daten
47.568187, 10.755959

Einkehr
Rohrkopfhütte, Tegelberghaus, Gasthaus Bleckenau, Gaststätten in Schwangau

Karte
Topographische Karte 1:50 000, Blatt Füssen und Umgebung

Information
Tourist-Info Schwangau, Münchener Straße 2, 87645 Schwangau, Tel. 08362/ 81980, www.schwangau.de

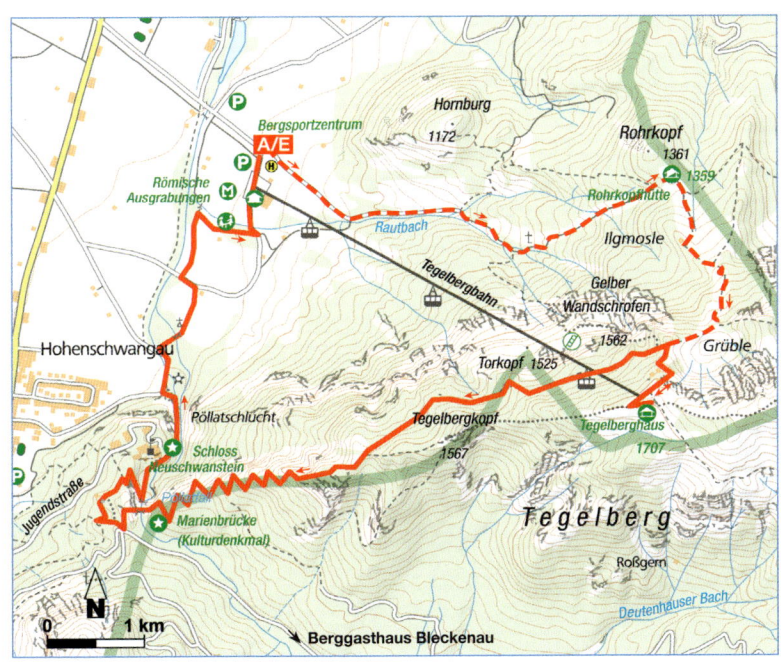

Bergab geht es sich am leichtesten. Vom Tegelberghaus führt ein Wanderweg hinunter in die Bleckenau.

Eine ehemalige Jagdhütte von König Ludwig II. ist die heutige Berggaststätte Bleckenau. Von hier geht es mit dem Bus zurück nach Schwangau.

bahn. Hier halten wir uns und folgen dem gut ausgeschilderten Weg. Zuerst wandern wir bergauf zur Rohrkopfhütte. Von nun an geht es steiler hinauf. Wer hier weitergehen will, braucht gute Wanderschuhe und muss trittsicher sein. Die Mühe lohnt sich, denn oben angekommen schmeckt die Apfelsaftschorle doppelt gut. Und das Panorama ist atemberaubend. Wer möchte, kann im Tegelberghaus übernachten. Ungefähr zweieinhalb Stunden geht es nun bergab. Der Pfad ist schmal und bietet einen tollen Blick auf den kahlen Gipfel des Säuling. Wir sind nun auf dem Ahornweg unterwegs. Hier ritten die bayerischen Könige zur Jagd. Leibgehege nannten die Forstleute damals ein königliches Revier. Seit 1850 gibt es diesen Weg. Landwirte hielten ihn instand und verdienten sich so zusätzlich Geld hinzu. Wir verdienen uns eine Pause und haben immer wieder einen Blick auf den Säuling. So wie die königlichen Pferde, für die gab es am Brandnerfleck extra einen Stall. Kurzweilig verläuft nun der Weg, denn

unterwegs gibt es einen Naturlehrpfad, außerdem führt der Weg bergab. So lässt es sich gut wandern. Wie das Ökosystem Bergwald funktioniert und welche Tiere sowie Pflanzen hier leben, lernen die Kinder auf den Schautafeln. Es gibt auch Mitmachstationen. Beim Astxylophon ist Krachmachen erwünscht. Richtig auf die Pauke hauen können die kleinen Wanderer bei der Baumtrommel. Auch sie zieht die Kinder wie ein Magnet an. So geht es durch den angenehm schattigen Wald ohne Quengeln zur Berggaststätte Bleckenau. Der Naturlehrpfad endet an einer kleinen Teerstraße. Wer zur Bleckenau gehen möchte, auch das ist ein ehemaliges Jagdhaus der bayerischen Könige, hält sich links. Alle anderen wandern rechts Richtung Schloss Neuschwanstein. Von der Bleckenau wandern wir eineinhalb Stunden auf dem Wasserleitungsweg, bis wir oberhalb der Bushaltestelle an der Marienbrücke herauskommen. Hier trifft sich die halbe Welt, denn von der Brücke aus bietet sich ein wunderbarer Blick auf

Auch hier speiste schon der bayerische König. Am Tegelberghaus geht die Wanderung los.

151

Bei der Wanderung vom Tegelberghaus zur Bleckenau sind die Kinder flott unterwegs: Es geht meistens bergab. Dazu gibt es fantastische Aussichten.

Schloss Neuschwanstein. Am Schloss vorbei steigen wir ab und biegen rechts in die Pöllatschlucht. Achtung: Zeitweilig ist die Pöllatschlucht wegen Steinschlaggefahr gesperrt. Es ist also ratsam, sich vorher zu erkundigen, ob die Schlucht begehbar ist. Der Umweg ist es wert! Über Stufen geht es in den Talgrund. Von dort sehen wir hinauf zur Marienbrücke und zum Wasserfall. Über Stege wandern wir talabwärts. Am Ende der Schlucht angekommen halten wir uns rechts und kommen so wieder zu unserem Ausgangspunkt an der Talstation der Tegelbergbahn.

Wohl zu ruhen: Jugendherbergen und Zeltplätze im Allgäu

Jugendherberge Ottobeuren
Kaltenbrunnweg 11
87724 Ottobeuren
Tel. 08332/368

Jugendherberge Oberstdorf-Kornau
Kornau 8
87561 Oberstdorf-Kornau
Tel. 08322/98 75-0

Jugendherberge Füssen
Mariahilferstr. 5
87629 Füssen
Tel. 08362/77 54

Jugendherberge Lindau
Herbergsweg 11
88131 Lindau
Tel. 08382/96 71-0

Camping am See International
Am Weiherhaus 7 a
87740 Buxheim

Tel. 08331/718 00
www.camping-buxheim.de

Campingpark Gitzenweiler Hof
Gitzenweiler 88
88131 Lindau
Tel. 08382/949 40
www.gitzenweiler-hof.de

Alpsee Camping
Seestraße 25
87509 Immenstadt-Bühl
Tel. 08323/77 26
www.alpsee-camping.de

Grüntensee Camping International
Grüntenseestraße 41
87497 Wertach
Tel. 08365/375
www.camping-gruentensee.de

Campingplatz Hipp
Schlögl 1, 86984 Prem

Idyllisch picknicken am Grüntensee

Burg Hohenzollern bei Hechingen

Schwäbische Alb und Bayerisch-Schwaben

Durch die Zeit reisen mit der Familie

Outdoor-Abenteuer Klettern

Die natürlichste Bewegungsform der Welt

Sarah Seeger, PR- und Kommunikationsmanagerin bei der Outdoor-Marke Marmot, kletterte früher erfolgreich bei Wettkämpfen mit. Im Frankenjura gelang ihr eine Sensation: Sie kletterte als eine der ersten Frauen der Welt den französischen Schwierigkeitsgrad 8 C, das entspricht bei der mitteleuropäischen UIAA-Routenbewertung einer 10+ oder 11− (die Skala endet bei 11+). Sarah Seeger hat wertvolle Tipps für alle, die mit dem Klettern beginnen wollen.

Warum sind Kinder vom Klettern so fasziniert?

Sarah Seeger: Klettern ist eine ganz natürliche Bewegungsform. Kinder entdecken durch das Klettern ihre Umgebung neu und erarbeiten sich dadurch neue Räume – und zwar auf ganz spielerische Art und Weise.

Ab wann darf ein Kind in der Halle oder am Felsen klettern?

Kinder sollten keinesfalls zum Klettern gedrängt werden, egal in welchem Alter. Zeigen sie jedoch Interesse am Klettern oder Bouldern, steht dem nichts entgegen, solange entsprechende Sicherheitsvorkehrungen getroffen werden und das Klettern spielerisch ausgeübt wird.

Bouldern ist auch ein Klettertrend. Kannst Du bitte erklären, was sich dahinter verbirgt?

Bouldern ist Klettern ohne Seil in Absprunghöhe, entsprechend weiche Matten unter der Kletterfläche dämpfen den Absprung bzw. den Sturz. Inzwischen gibt es zahlreiche reine Boulderhallen, die oft auch einen eigenen Kinderbereich haben und teilweise sogar Kinderbetreuung anbieten. Das Bouldern ist für viele Kinder sehr attraktiv, da sie keine Angst vor großer Höhe haben müssen und noch spielerischer an das Klettern herangehen können.

Wo ist es leichter für ein Kind, das Klettern zu lernen, in der Halle oder am Felsen?

Grundsätzlich kann das Klettern sowohl in der Halle als auch am Fels erlernt werden, beide Umgebungen haben ihren ganz eigenen Reiz für Kinder. In der Halle üben die bunten Griffe ihre Faszination aus, am Fels in der Natur gibt es viele schöne Dinge zu entdecken. Kletterhallen haben allerdings den Vorteil, dass sie mit einer entsprechenden Infrastruktur ausgestattet sind und evtl. professionelle Anleitung durch Trainer/Betreuer bieten.

Was ist als Erstausstattung für ein Kind notwendig, wenn es mit dem Klettern anfängt?

Eine Grundausstattung besteht aus einem (verstellbaren) Kinderklettergurt (sofern das Kind nicht nur bouldert), einem Paar Kletterschuhe sowie einem Helm (vor allem, wenn auch am Fels geklettert wird). Die Kleidung sollte ein großes Bewegungsspektrum ermöglichen und sporttauglich sein.

Viele Eltern haben Angst, dass sich die Kinder beim Klettern verletzen könnten. Du bist eine erfahrene Kletterin und wie schätzt Du diese Gefahr ein?

Klettern und Bouldern erfordern gewisse Sicherheitsvorkehrungen, um Verletzungen und schwere Stürze zu verhindern. Gerade beim Klettern mit Seil ist eine sehr gute Kenntnis der Sicherungstechniken unabdingbar. Das Klettern selbst birgt kein erhöhtes Verletzungsrisiko, solange gerade im Kindesalter nicht exzessiv trainiert wird.

Klettersteige, aber sicher!

Wenn es nach manchen Fitness-Magazinen geht, dann ist ein Klettersteig kinderleicht. Doch die Realität sieht anders aus. Oft lässt sich in den Bergen beobachten, wie Eltern ihre Kinder einen Klettersteig hochzwingen. Das ist grundverkehrt und nimmt den Kindern jeden Spaß am Klettern. Black Diamond hat uns in Zusammenarbeit mit dem Bergführer Jürgen Krieger wertvolle Tipps gegeben.

Welche Ausrüstung muss ich unbedingt dabei haben, wenn ich einen Klettersteig absolvieren will?

Jürgen Krieger: Einen Klettergurt: Für Kinder und Unerfahrene empfiehlt sich die Kombination des Hüftgurtes mit einem Brustgurt oder ein Kombigurt. Ein Klettersteigset nach UIAA-Norm. Und auch der Helm muss ein geprüfter Kletterhelm sein. Optional ein kurzes Seil und Karabiner zum Nachsichern von Ungeübten und Kindern, eine Bandschlinge und ein Abseilgerät, passendes Schuhwerk und Handschuhe.

Was passiert, wenn ich abrutsche?

Ein Sturz am Klettersteig ist immer schmerzhaft und sollte unter allen Umständen vermieden werden. Das Klettersteigset – wenn es denn unter dem großen Fangstoß aufreißt und die Energie abbremst – kann nur vor dem Schlimmsten schützen. Im Falle eines Sturzes beim Klettersteiggehen rutschen die Karabiner des Klettersteigsets bis zur nächsttiefergelegenen Zwischensicherung, und diese kann einige Meter tiefer liegen.

Ab wann dürfen Kinder bei einem Klettersteig dabei sein?

Hier gibt es keine offiziellen Richtlinien, da es sehr auf die individuelle Voraussetzung der Kinder ankommt. Je nach Klettersteig kann es Probleme mit den Trittabständen geben, da diese teils sehr weit entfernt und für die kleinen Kinder kaum oder nicht erreichbar sind. Wie auch beim Klettern können Kinder schon früh mitgenommen werden. Meist lieben Kinder die spielerische Erkundung der Vertikalen. Je nach Einschätzung der Eltern können Kinder ab 6 Jahren schon erste Erfahrungen in Klettersteigen sammeln.

Wie muss ein Erwachsener die Kinder am Klettersteig sichern?

Voraussetzung ist, dass der Erwachsene die entsprechende Kompetenz mitbringt und das Kind nachsichern kann an schwierigen Passagen, ggf. auch mit Kurzseiltechnik. Ein kritischer Zeitpunkt ist das Umhängen der Karabiner: Hier muss Redundanz vorhanden sein, es dürfen nicht beide Karabiner gleichzeitig ausgehängt sein.

Welche Schwierigkeitsgrade gibt es bei einem Klettersteig?

Die Skalierung von A bis E hat sich im deutschsprachigen Raum durchgesetzt. Bei der Beschreibung des Klettersteigs wird von Normalbedingungen ausgegangen. Wenn ein kurzer Regenschauer einsetzt, kann aus einem A-Klettersteig schnell eine ganz andere Nummer werden. Weitere wichtige Gesichtspunkte bei der Auswahl des Klettersteigs mit Kindern sind Zustiegsdauer, Gesamtgehzeit, Rastmöglichkeit, Höhenunterschied …

Ipf

Kelten, Modellflugzeuge und ein platter Berg

| mittel | 6 km | 240 m | 1.30 Std. |

Alter
Ab 6 Jahren

Tourencharakter
Gemütliche Wanderung mit gigantischer Aussicht vom Gipfel

Anfahrt
Auf der A 7 Würzburg–Ulm bis zur Ausfahrt Aalen/Westhausen und von dort auf der B 29 nach Bopfingen; im Ort selbst zum Parkplatz am Fluss Sechta der Beschilderung zur Klinik folgen

Ausgangs-/Endpunkt
Parkplatz Sechta

GPS-Daten
47.870556, 10.356389

Einkehr
Gasthäuser in Bopfingen

Karte
LVA-Freizeitkarte 1:50 000, Blatt 522 Ellwangen

Information
Stadt Bopfingen, Marktplatz, 73441 Bopfingen, www.bopfingen.de

Am Rand der Schwäbischen Alb liegt ein gar seltsamer Berg: der Ipf bei Bopfingen. Am Fuß des Ipf lassen Modellbauer ihre kleinen Flugzeuge fliegen und es gibt dort Nachbauten der keltischen Festung, die hier einmal gewesen ist.

Seit Jahrzehnten beschäftigen sich die Archäologen mit dem 688 Meter hohen Ipf. Denn in seinem Inneren hat er einige Geheimnisse versteckt. Den Ipf kann man von Bopfingen aus hochwandern oder vom Wanderparkplatz direkt am Ipf. Eine Allee aus alten Eichen führt hinauf. Doch schon das Losgehen ist mit den Kindern ein Problem, denn Modellflieger lassen hier ihre Flugzeuge durch die Luft jagen. Kleine Motorflieger knattern dahin und drehen wilde Loopings. Da müssen die Kinder natürlich stehen bleiben und sich diese Flugmodelle ansehen. Besonders

wenn zwei der ferngesteuerten Flugzeuge sich gegenseitig verfolgen. Nach wenigen Hundert Metern stehen rechts ein offener Infopavillon und ein rekonstruiertes Keltenhaus. Außerdem versperrt ein massiver Wall aus Baumstämmen und Bruchsteinen den Weg. Archäologen ließen hier Teile der Keltenfestung nachbauen. Auf den modernen Infotafeln erhält man Hintergrundwissen zum Volk der Kelten, das auch auf dem Ipf lebte. Der Ipf-Erlebnispfad rund um den Berg ist ebenfalls zu empfehlen. »Waren die Kelten so was wie Asterix und Obelix?«, fragt ein Kind seinen Vater. Der sieht ein wenig hilflos drein. Die Gallier gehörten auch zu den Kelten, wobei es diese als Volk im heutigen Sinne nicht gab. So hatten die Kelten keine Schrift und mit den Zahlen standen sie

So lebten die alten Kelten. Am Fuß des Ipf befindet sich eine rekonstruierte Keltenmauer mit Haus.

offensichtlich auch auf Kriegsfuß. Von diesem rätselhaften Volk ist deshalb so gut wie nichts Schriftliches erhalten. Durch die neuen Nachbauten am Ipf, sie entstanden 2015, wurde für Erwachsene und Kinder die Keltenzeit anschaulich gemacht. Auch der Befestigungswall beeindruckt die kleinen Wanderer. Es ist schwer vorstellbar, wie viele Menschen jeden Tag körperlich hart gearbeitet haben, bis diese Pfostenschlitzmauer stand. Doch die Kelten sind nicht die Ersten am Ipf gewesen. Bereits in der Jungsteinzeit haben sich hier Menschen niedergelassen. Über eine alte Allee aus Eichen geht es moderat den Ipf hinauf. Unterwegs bekommen die Kinder einen Eindruck, wie stark befestigt dieser keltische Fürstensitz einmal gewesen ist. Durch ein schlaues System aus Gräben und Wällen erhielten die Herrscher am Ipf eine perfekte Festung. Zwei Brunnen versorgten die Verteidiger mit Wasser. Lange Zeit glaubten manche Forscher, es handele sich bei den Wallanlagen am Ipf um eine Befestigung aus dem Mittelalter oder eine Fluchtburg gegen die kriegerischen Ungarn. Wir

Die Aussicht vom Ipf ist gigantisch, denn diese ehemalige Keltenfestung ist ein Tafelberg und am Gipfel völlig platt.

wandern mit den Kindern weiter bergauf. Verlaufen ist hier unmöglich, die Wanderkarte kann getrost zu Hause bleiben. Man darf sich nicht wundern, wenn es plötzlich über einem pfeift. Modellfreunde lassen ihre ferngesteuerten Segelflieger auch auf dem flachen Gipfel des Ipf starten. Für die Kinder ein guter Grund mehr, einen Schritt schneller zu wandern. Immer wieder passieren wir Gräben und Wallanlagen. Dank der rekonstruierten Mauer nahe dem Parkplatz haben die Kinder keine Probleme, sich die Keltenburg vorzustellen. Wer glaubt, dass der Fürst hier nur über einen kleinen Flecken auf der Schwäbischen Alb regierte, der irrt sich. Denn ein Münzfund bewies, dass es Handelskontakte der Kelten bis ans Mittelmeer gab. Auch fanden die Archäologen bei Osterholz eine Scherbe aus dem antiken Griechenland. Oben auf dem Ipf angekommen, staunen Kinder und Erwachsene: Alles ist platt. Kein Baum versperrt die Aussicht. Wenn das Wetter mitspielt, gibt es hier einen grandiosen Rund-um-Blick auf die Schwäbische Alb. Wie man sich leicht denken kann, entstand dieses Plateau nicht von Natur aus. Die Menschen schütteten den Gipfel auf und trugen Teile davon ab. Hier oben ist genügend Platz für alle, um eine ausgedehnte Pause auf dem Gipfel einzulegen. Die Kinder können hier unbeschwert spielen. Seit 1982 ist der Ipf ein Naturschutzgebiet und auf seiner Wacholderheide haben sich einige seltene Tiere und Pflanzen angesiedelt. Auch für die kommenden Jahre, bleibt der Ipf ein interessantes Forschungsobjekt.

Rechte Seite: Eine Ritterburg, wie sie im Buche steht.

160

Burg Katzenstein

Eine Burg wie aus dem Bilderbuch

42

| leicht | – | – | 2 Std. |

So wie die Burg Katzenstein stellen sich die Kinder eine Burg vor. Diese Festung im Härtsfeld gehört zu den wahrscheinlich ältesten komplett erhaltenen Stauferburgen. Für die Kinder ist die Burg Katzenstein ein Traum, hier fühlen sie sich als Burgfräulein oder Ritter.

Die Zeit sieht man dem Bergfried an. Im Jahr 1000 soll dieser mächtige Wehrturm entstanden sein. Bereits 777 ließ der bayerische Herzog Tassilo hier einen befestigten Turm errichten. Im Laufe der Jahrhunderte entstand die Burg, die sich ständig veränderte. Gebannt stehen die Kinder auf dem Parkplatz vor dieser Festung. »Kann man auch wirklich auf den Turm bis ganz

Alter
Ab 3 Jahren

Tourencharakter
Besichtigung einer Stauferburg, die komplett erhalten ist

Anfahrt
Auf der A 7 bis zur Ausfahrt Heidenheim und weiter Richtung Nattheim; von dort über Fleinheim und Dischingen nach Katzenstein

Ausgangs-/Endpunkt
Burg Katzenstein

GPS-Daten
48.723695, 10.391561

Öffnungszeiten
Vom 1. März bis 31. Dezember täglich außer Mo 10–19 Uhr (Museum bis 18 Uhr); für Gruppen u. Veranstaltungen ab 25 Personen nach Absprache auch ab 19 Uhr

Preise
Erwachsene und Kinder ab 3 Jahren 4 €, Kinder unter 3 Jahren frei

Einkehr
Burgschänke

Information
Burg Katzenstein, Oberer Weiler 3, Burgverwaltung Familie Walter, 89561 Dischingen – Katzenstein,
Tel. 07326/ 91 96 56,
www.burgkatzenstein.de

Wer in die Burg Katzenstein möchte, der muss erst einmal durch das beeindruckende Tor kommen.

Rechts: So ein edler Rittersmann, hatte gar viel Eisen an! Die Kinder sind von den Rüstungen auf Burg Katzenstein fasziniert.

oben rauf?«, wollen sie wissen. »Der ist bestimmt hundert Meter hoch!« Da verschätzen sich die Knilche allerdings. Fast 30 Meter hoch ist der Bergfried und er wirkt mit seinen Buckelquadern uneinnehmbar. Wie bei vielen anderen Burgen gab es auch auf Katzenstein eine Legende um einen versteckten Schatz. Am 11. Februar 2015 fand der Burgherr bei Aufräumarbeiten eine lockere Platte an einem Fenstersims. Er schob diese zur Seite und entdeckte einen Hohlraum. Darin stapelten sich Keksdosen aus Blech. Sie enthielten 250 Schmuckstücke. Diese stammten, so Experten, aus den 30er- und 40er-Jahren. Dieser Fund ist auch in der Burg ausgestellt und die Kinder stehen mit großen Augen davor.

Ein wahres Schatzkästchen ist die Burg Katzenstein. Durch das Burgtor kommen wir in die Festung und nun geht es rechts hinauf in das neue Schloss. Über knarzende Treppen geht es hinauf. An den Wänden hängen Hirschgeweihe und Ritterrüstungen stehen in den Ecken. Die Kinder sind beeindruckt. Vorsichtig klopfen sie mit den Fingern gegen das Blech der Harnische. »Wie hat der damit gehen können?«, will ein Kind wissen. In dieser kompletten Panzerung mit einem Kettenhemd darunter musste sich der Ritter auf das Pferd hieven lassen. Durch die Sehschlitze in seinem Helm sah er außerdem wenig. Zu sehen gibt es im Burgladen für die Kinder eine Menge. Holzschwerter gibt es dort auch zu kaufen oder Ritterfiguren. Weiter geht es zum Waffenzimmer. Hier gibt es einen Gassenhauer zu sehen. Damit ist nicht ein Lied gemeint, das alle Leute kennen, sondern ein langes und breites Schwert. Mit zwei Händen musste der Landsknecht dieses Schwert führen. Auch andere mittelalterliche Waffen und Helme sind hier ausgestellt.

Nun geht es in das Jagdzimmer. »Warum hängen hier so viele Geweihe?«, wollen die Kinder wissen. Ein Blick in drei Jahrhunderte bietet sich in der Sankt-Laurentius-Kapelle. Die ältesten der Wandmalereien stammen aus dem 13. Jahrhundert. Jetzt kommen wir in den ältesten Teil der Burg Katzenstein, das Alte Schloss. Dort gibt es immer wieder Ausstellungen, was die Kinder aber interessanter finden, sind der Wachraum und die Brunnenstube.

23 Meter tief ist der Brunnen der Burg. Bei einer Belagerung oder wenn Feuer ausbrach, war es wichtig, über genügend Wasser zu verfügen. Im Palas, so hieß zur Ritterzeit der Wohnbereich einer Burg, befindet sich der Staufersaal. Dort können sich die Kinder ein Kettenhemd ansehen und bekommen einen Eindruck davon, wie es gewesen sein muss, auf Burg Katzenstein zu leben. Hoch hinaus geht es auf dem Bergfried, damit ist der stärkste Turm einer Burg gemeint. Wenn die Kinder ganz gut aufpassen, entdecken sie dort auch den Burggeist Baldrian. Über steile Holztreppen geht es hinauf. Immer wieder müssen große Erwachsene die Köpfe einziehen, damit sie sich nicht an Balken stoßen. Vom Bergfried aus bietet sich ein wunderbarer Blick auf die Alb. Wenn das Wetter klar ist, kann man sogar das Kloster Neresheim sehen. Vorsichtig geht es wieder die Treppen runter und im Burghof können wir den Kindern ein Eis oder eine Limo spendieren. Denn so eine Zeitreise macht hungrig und durstig.

43 Kammeltalradweg

Ja, mir san mit'm Radl da

mittel | 71 km | – | 6 Std.

Alter
Ab 8 Jahren

Tourencharakter
Gemütliche Tagesradtour durch das idyllische Kammeltal, die meist leicht bergab führt

Anfahrt
Auf der A 96 bis zur Ausfahrt Stetten und weiter auf der St 2013 nach Erisried

Ausgangspunkt
Kammel-Quelle im Wald Hochfirst bei Erisried

Endpunkt
Offingen

GPS-Daten
47.996175, 10.400143

Einkehr
Mehrere Möglichkeiten auf der Strecke

Karte
Topographische Karte 1:25 000, Blatt 7928 Mindelheim

Information
Tourist-Info Günzburg, Schlossplatz 1, 89312 Günzburg, Tel. 08221/200 44-4, www.guenzburg.de

Kinder mögen es überhaupt nicht, wenn Radtouren langweilig sind oder anstrengende Steigungen haben. Bei der Kammeltaltour geht es sanft bergab und unterwegs gibt es einiges zu entdecken. Für diese Tagestour muss niemand die Kondition eines Tour-de-France-Siegers haben.

Entweder Elektrorad oder bergab – doch die ganze Familie mit einem E-Bike auszustatten, das kostet. Deshalb ist die zweite Variante sicher besser. Solche Touren sind leider rar, doch der Kammeltalradweg begeistert selbst Fahrradmuffel. Im Gegensatz zum eigentlichen Fahrradweg starten wir an der Quelle und fahren nicht durch Mindelheim, um den innerstädtischen Verkehr zu umgehen. In einem Wald bei Erisried befindet sich die Quelle der Kammel. Aus dem Forst radeln wir raus und folgen dem Baumelbach, der nach Erisried führt. Wir biegen am Ortsrand rechts in die Forsthausstraße ein, dann radeln wir an der Kreuzung links in die Dorfstraße und folgen ihr bis zum Ortsausgang. Dort biegen wir rechts ab und weiter geht es am Dürrenbach entlang. Dieser mündet in den Auerbach und an seinem Ufer radeln wir, immer leicht bergab, bis nach Stetten. Am Ortseingang biegen wir nicht in die Saulengrainer Straße ein, sondern halten uns rechts. An der Feldwegkreuzung biegen wir links ab und radeln Richtung Stetten. Dort kommen wir in die Mühlbachstraße, fahren dann links in die Unggenrieder Straße und folgen ihr in die Kirchstetter Straße. Diese führt aus dem Ort hinaus, nach einem Kilometer haben wir das Dorf Kirchstetten erreicht. Wir radeln hinein und biegen an der T-Kreuzung rechts ab. Nun überqueren wir die Eisenbahnlinie und nach einem guten Kilometer führt uns eine Brücke über die Autobahn. Bald ist Oberkammlach erreicht. Über die Hollbergerstraße kommen wir in die Obere Hauptstraße und es lohnt sich ein Abstecher in die Reichstraße 12 zum Gasthof Schwanen. Dort entdecken wir eine Kugel sowie eine Tafel, auf der geschrieben steht: »Bei der Schlacht mit den Condeern und den Republikanischen Franzo-

sen ist diese Kugel auf das Stadeldach gefallen und nicht gezündet. – 13. August 1796 –«. Über die Obere Hauptstraße geht es hinaus und an den Sportplätzen vorbei. Nach wenigen Hundert Metern sind wir in Kammlach. Wir radeln bis zur Ortsmitte mit der Kirche Maria Königin des heiligen Rosenkranzes und biegen dann rechts in die Schulstraße ein. Am Ortsende geht es nicht geradeaus weiter, sondern wir biegen links ab. Nun radeln wir bis Oberrieden. Vom Sportplatzweg geht es zum Höhenreuterweg und über die Kammel. Die zweite Straße nach der Brücke biegen wir rechts in den Riedweg ab. Hier in Oberrieden kann man im Gasthaus Kreuz einkehren. In Sichtweite zur Kammel erreichen wir nun Mittelrieden und bleiben auf der Mittelrieder Straße. Über weite Felder und vom Fluss begleitet kommen wir nach Unterrieden. Wir biegen rechts in den Hohenschlauer Weg ein und anschließend rechts in den Kurzacher Weg. Gleich darauf radeln wir links in die Dorfstraße und in die Bedernauer Straße. Diese gabelt sich und hier müssen wir rechts abbiegen und auf der Weilbacher Straße bis zum Dorf Weilbach radeln. In der Orts-

Beim Radeln sind auch die Pausen wichtig. Was wohl in der Radtasche alles eingepackt ist?

mitte halten wir uns links und folgen dem Kammeltalradweg. Wir überqueren nun den Weilbach, radeln weiter bis zur nächsten Abzweigung und halten uns dort rechts. Über Felder und Wiesen geht es nun weiter bis Breitenbrunn. Wir folgen der Weilbacher Straße und dem gut ausgeschilderten Kammeltalradweg. Nach Überquerung des Dorfbachs geht es weiter in die Bachstraße, dann links auf die Kirchhaslacher Straße und am Ortsrand dann nach Loppenhausen. Dort ist auch eine Haltestelle der Bahn. Immer am Bahndamm geht es weiter bis Haupeltshofen. Das Dorf hat um die 120 Einwohner, aber eine sehenswerte Wall-

Auf dem Kammelradweg lohnt es sich unterwegs immer wieder anzuhalten, um die Sehenswürdigkeiten zu besichtigen.

fahrtskirche, in der eine Kopie des Gnadenbildes von Santa Maggiore in Rom zu sehen ist. Wir folgen dem Radweg, der parallel zum Bahndamm verläuft, und bald sind wir in Aletshausen, dann in Niederraunau. Hier weicht unser Weg von der Trasse des Kammeltalradweges ab, denn mit den Kindern die B 16 zu überqueren ist nicht ungefährlich und neben dieser Straße zu radeln für die Familie sicher weniger prickelnd. In Niederraunau überqueren wir die Bahntrasse und fahren sofort nach links. Wir halten uns in der Straße An der Bahn und kommen am Sportplatz vorbei. Nun folgen wir immer der Bahnlinie. Bald ist die Krumbacher Straße erreicht, wir radeln nach links und überqueren die Bahnlinie. Am zweiten Feldweg biegen wir links ab und radeln Richtung Krumbach. Am Ortseingang überqueren wir wieder die Bahnlinie und radeln am Krumbach. Wir folgen dem Bach auch in Krumbach weiter, bis wir den Sankt-Valentins-Weg erreicht haben. Nun geht es rein in die Bahnhofstraße, und schon sind wir wieder am offiziellen Kammeltalradweg angelangt. An der Kammel entlang bringt uns der Radweg hinaus aus Krumbach und wir fahren nun zwischen dem Fluss und der Bahnstrecke. Wir kommen vorbei an Billenhausen und durch die Einöde Erisweiler und gelangen so nach Halbertshofen. Durch den Ort radeln wir Richtung Neuburg an der Kammel und auf der Mühlstraße. Rechts geht der Radweg weg und kreuzt den Bahndamm. Links von uns befindet sich die Bahn, rechts mäandert die Kammel munter dahin. Bald haben wir Behlingen erreicht. Wir bleiben auf dem Radweg und durchqueren das Dorf. Durch eine schwäbische Wiesenlandschaft radeln wir nun bis Unterrohr, dort macht der Radweg in der Ortsmitte einen Knick nach rechts. Als Nächstes passieren wir Ettenbeuren am Ortsrand. Nun ist die Kammel begradigt und der Radweg verläuft direkt am Fluss. Wir radeln durch Wettenhausen, um von dort nach Hammerstetten zu gelangen. In einer weiten Linkskurve geht es hinaus aus dem Dorf und wir biegen rechts nach Großanhausen ab. Von Weitem hören wir es rauschen: die Autobahn. Über die A 8 führt uns eine Brücke und wir radeln nun durch Großanhausen. Der Radweg führt uns zur B 10, an der wir die Kammel überqueren und nach Unterknöringen hineinradeln. An der ST 2014 geht es weiter bis Remshart und wir nehmen die Brücke vor dem Dorf über die Kammel. Die ST 2014 führt uns nach Offingen. Hier mündet die Kammel in die Mindel und wir haben das Ziel dieser Tagestour erreicht.

44 Rainau
Limesturm, Teufelsmauer und Prunktor

| leicht | 11 km | 175 m | 3 Std. |

Alter
Ab 6 Jahren

Tourencharakter
Auf gut ausgebauten Wegen
führt diese Wanderung zu
Sehenswürdigkeiten aus der
Römerzeit

Anfahrt
Auf der A 7 bis zur Ausfahrt
Aalen/Westhausen und weiter
auf der B 29 Richtung Aalen;
bei Oberalfingen kurz auf die
L 1029 und dann auf der
K 3320 über Goldshöfe nach
Rainau-Buch; der Parkplatz am
Stausee ist ausgeschildert.

Ausgangs-/Endpunkt
Parkplatz Stausee Rainau-Buch

GPS-Daten
48.910909, 10.147268

Einkehr
Mehrere Gaststätten in
Rainau-Buch

Karte
Topographische Karte
1:25 000, Blatt 7126 Baden-
Württemberg Aalen

Information
Gemeindeverwaltung Rathaus
Schwabsberg, Schloßberg 12,
73492 Rainau–Schwabsberg,
Tel. 07961/90 02-0,
www.rainau.de

Auf der Schwäbischen Alb erhält man Einblick in viele Zeitepochen – von der Zeit, als die Erde noch jung gewesen ist, über die Dinosaurier bis zu den Menschen der Steinzeit und auch zu den Römern. Diese hatten hier einen Grenzwall, an dem es etwas Einmaliges zu sehen gibt.

Er soll sogar eine blonde Perücke getragen haben. Auch kleidete er sich gerne wie die Germanen. Der römische Kaiser Caracalla fand alles, was von diesen »Wilden« kam, unglaublich toll. Von 211 bis 217 n. Chr. regierte Caracalla als römischer Kaiser. Seinen jüngeren Bruder Geta ließ er töten, um keinen Mitregenten zu haben. Vor allem für sein brutales Vorgehen ist Caracalla bekannt. 213 kam der Kaiser auf die Schwäbische Alb. Er besuchte die Truppen, die beim heutigen Aalen stationiert waren. Um sich

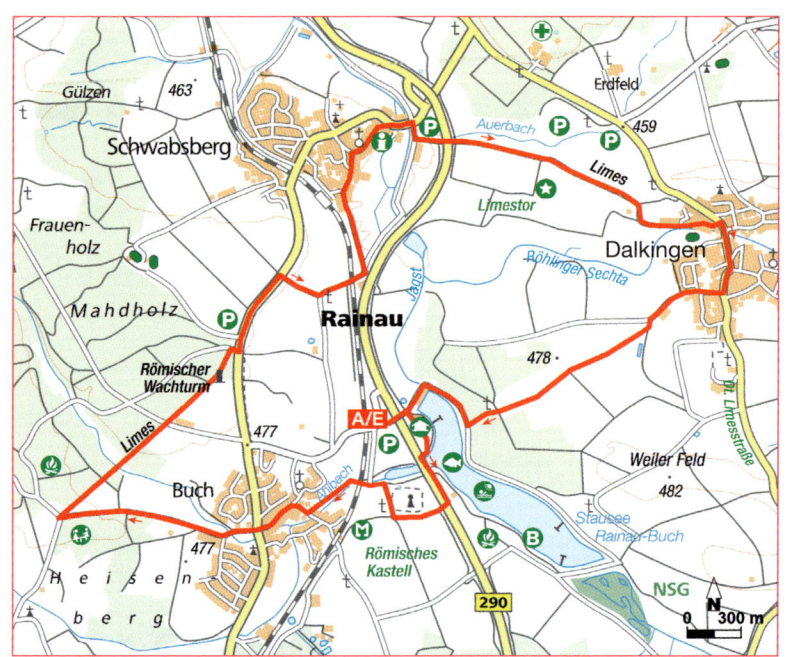

gegen die wilden germanischen Stämme abzusichern, errichte-ten die Römer den Limes, einen Grenzwall mit Wachtürmen. Doch der Limes war mehr als nur eine befestige Grenze. Hier en-dete auch der römische Wirtschaftsraum. Wer von außen seine Waren hier reinbringen wollte, der musste durch ein Tor im Limes, an dem die Grenzwächter Zoll verlangten. Einen solchen Durchlass besichtigte Kaiser Caracalla im Jahr 213. Doch die hier stationierten Truppen wollten ihrem hohen Besuch aus Rom et-was ganz Besonderes bieten und ließen ein Prunktor errichten. Bis heute ist dieses in großen Teilen erhalten und kann bei Rainau besichtigt werden. Hier dürfen die Kinder auch einen nachgebildeten Helm aufsetzen, Schwert und Schild in die Hand nehmen, und sie bekommen Zeichenbögen zum Ausmalen.

In Rainau startet der elf Kilometer lange Rundweg auf den Spu-ren der Römer. Ein großer Vorteil an diesem Wanderweg ist, dass man auch unterwegs einsteigen kann. In der Nähe der Sehens-

Bei Rainau auf der Schwäbischen Alb verlief der Limes. Heute bietet sich hier ein spannender Wander-weg, der auch für den Kinder-wagen geeignet ist.

würdigkeiten, etwa am nachgebauten Limesturm, gibt es Parkplätze, von denen man loswandert. Insgesamt erwarten uns fünf Sehenswürdigkeiten aus der Römerzeit auf dem Rundweg. Los geht es am Stausee bei Rainau. Die Wanderroute folgt dem ursprünglichen Verlauf des Limes. Durch eine Hecke sieht man sofort, wo einst die Grenze verlief. Bald erreichen wir am Mahdholz den nachgebauten Limesturm. Der Eintritt ist frei und vor dem Turm erklärt eine bebilderte Infotafel alles Wissenswerte zu diesem Bauwerk. Schnell wie die Eichhörnchen laufen die Kinder die Treppen hoch. Von hier aus bietet sich ein Blick über die Alb, wie ihn schon die Römer hatten. Die Wachtürme waren so angelegt, dass sie einer Belagerung für kurze Zeit standhalten konnten, bis die Besatzung vom Kastell Rainau angerückt kam, um ihren Kameraden zu helfen. Vier bis fünf Mann wohnten in einem solchen Limesturm. Wenige Hundert Meter nach dem Turm kommt im Wald die sogenannte Teufelsmauer. Noch heute beein-

druckt sie mit ihren Ausmaßen. Zur Römerzeit soll diese Mauer drei Meter hoch gewesen sein. Weiter geht es zwischen Feldern und Wiesen zum Prunktor bei Dalkingen, und dann zurück zum Stausee bei Rainau. Hier sind die Fundamente einer römischen Therme zu sehen. Im Gegensatz zu den Germanen, die in Sachen Körperpflege eher nachlässig waren, hatten die Römer eine richtige Badekultur. Auch in den entlegenen Regionen des Reiches, wie auf der Schwäbischen Alb, wollten die Besatzer nicht auf ihr geliebtes Bad verzichten. In Rainau stand auch ein Kohortenkastell, in dem etwa 480 Mann stationiert waren, um den Limes zu sichern. Die Kinder sind von den Überresten des Militärlagers begeistert und zu Hause lesen sie die passende Lektüre dazu: Asterix und Obelix!

Beim ehemaligen Prunktor sind auch Rüstungen und Waffen der römischen Grenztruppen ausgestellt.

Linke Seite: Ein Höhepunkt am Limeswanderweg bei Rainau ist der nachgebaute Wachturm.

Aalen-Wasseralfingen

Stollen wir sie reinlassen? Mit den Kindern unter Tage

| leicht | 4 km | 180 m | 2 Std. |

Alter
Ab 8 Jahren

Tourencharakter
Leichte Wanderung auf Spuren
des Bergbaus in Wasseralfingen

Anfahrt
Auf der A 7 aus Richtung Ulm
oder Würzburg und auf der
B 29 aus Richtung Nördlingen
kommend bis zur Ausfahrt 114
Westhausen, weiter auf der
B 29 nach Aalen; bei der ersten Gelegenheit nach Aalen-
Wasseralfingen abbiegen; im
Ort durch den ersten Kreisver-
kehr in den Tunnel, im zweiten
fast einmal herum und unter
der Bahnbrücke durch; nach
einem Kilometer ist das Bergwerk erreicht.

Ausgangs-/Endpunkt
Parkplatz Tiefer Stollen

GPS-Daten
48.855140, 10.120681

Einkehr
Gasthof Erzgrube

Karte
Topographische Karte
1:25 000, Blatt 7126 Baden-
Württemberg Aalen

Information
Stadt Aalen, Besucherberg-
werk Tiefer Stollen,
Erzhäusle 1, 73433 Aalen,
Tel. 07361/97 02-49,
www.bergwerk-aalen.de

Das Innere der Alb lässt sich am besten im ehemaligen Bergwerk von Wasseralfingen erkunden. Für die ganze Familie ist der Ausflug unter Tage ein Abenteuer. Im Anschluss führt ein Rundweg auf die Spuren der Bergleute.

»Jeder setzt sich einen Helm auf, damit das Gestein keinen Schaden nimmt!«, scherzt ein Vater. Bevor es in den Tiefen Stollen geht, verwandelt sich die ganze Familie in Bergleute. Wir haben Schutzhelme auf und orangene Umhänge um. Wie die Bergleute fahren wir mit der Grubenbahn ein. Allein das ist schon ein unglaubliches Erlebnis für die Kinder. In den offenen kleinen Wagen rattert der Minenzug am Eingangsgebäude des Tiefen Stollen los. Ein paar Meter noch im Sonnenlicht, und schon geht es durch ein Portal unter Tage. Es zieht. Die kleinen Wagen schaukeln hin und her. Sich zu unterhalten ist bei diesem Lärm unmöglich. Bald kommt die Grubenbahn an einem kleinen unterirdischen Bahnhof an. Hier warten Leute mit Schlafsäcken unter den Armen. Die Stollenführerin erklärt uns, dass dieses ehemalige Bergwerk ein heilendes Klima hat, weshalb an Asthma Erkrankte hierherkommen. Mehr als 400 Jahre arbeiteten die Bergleute hier. Im Tiefen Stollen schürften sie nach Eisenerz. In Ober- und Unterkochen sowie Abtsgmünd standen wichtige

Schmelzhütten. All das erfahren die Besucher in einem Film über den Bergbau im Tiefen Stollen und auf der Alb. Für die Region waren der Bergbau und das Hüttenwesen ein wichtiger Wirtschaftszweig. In Schaukästen gibt es Werkzeuge und persönliche Ausrüstungsgegenstände der Bergleute zu sehen, vom Helm bis hin zur

Grubenlampe. Aus wirtschaftlichen Gründen kam 1924 der Abbau im Tiefen Stollen zum Erliegen. Zu Fuß geht es nun auf die Tour durch den Tiefen Stollen. Etwa 800 Meter lang ist der Rundweg unter Tage. Dabei gibt es auch beeindruckende Hallen aus Sandstein zu sehen. Am gläsernen Modell des Braunenbergs ist wunderbar für die Kinder und Erwachsenen zu erkennen, wie die einzelnen Stollen hier verliefen. Eines wird allen Besuchern schnell klar: Die Arbeit hier im Bergwerk war richtig hart. Bald haben wir wieder den Ausgangspunkt der Tour erreicht. Wie die Bergleute beim Schichtwechsel fahren wir nun mit der Grubenbahn nach draußen.

Endlich wieder in der Sonne, gibt es noch eine weitere Attraktion: den Bergbaupfad. Er ergänzt perfekt den Besuch im Tiefen Stollen. Es erwarten uns 15 Stationen, an denen Infotafeln die Geschichte vom Bergbau hier in Aalen-Wasseralfingen erklären. Zuerst geht es zum Gasthof Erzgrube, wo bis zum Jahr 1911 die Kumpels wohnten. Als Nächstes wandern wir zum Stöcklesstollen. Die Idee für diesen Stollen hatte der Obersteiger Christoph Hermann Plock. An der nächsten Infotafel erfahren wir, wie die Köhlerei und der Bergbau hier vor Ort zusammenhingen. Weiter geht es mit den Kindern zur nächsten Infostation. Diese bringt Licht ins Dunkel: Hier können wir sehen, wie der Berg, auf dem wir stehen, von seinen Gesteinsschichten her aufgebaut ist. Wir halten uns nach dieser Station rechts und wandern wieder hinauf zum Tiefen Stollen. Für alle Kinder, die wunderbar mitgegangen sind, gibt es hier eine Limo und ein Eis.

Glück auf! Mit der Grubenbahn geht es hinein ins das ehemalige Bergwerk bei Aalen-Wasseralfingen.

46 UrMeerpfad Gerstetten

Ein urzeitliches Riff mit Spielplatz

leicht   14 km   189 m   4 Std.

Alter
Ab 8 Jahren

Tourencharakter
Lange Wanderung über kleine Straßen und Feldwege zu einem fossilen Kliff, das einmalig in Europa ist

Anfahrt
Auto: Auf der A 7 bis zur Ausfahrt Niederstotzingen und weiter über Dettingen am Albuch nach Gerstetten. Bahn/Bus: Mit dem Zug von Ulm nach Heidenheim und dort in den Bus nach Gerstetten umsteigen

Ausgangs-/Endpunkt
Parkplatz Bahnhof Gerstetten

GPS-Daten
48.622568, 10.019561

Einkehr
Diverse Gasthäuser in Gerstetten

Information
Gemeinde Gerstetten, Hauptamt – Touristik, Partnerschaften, Wilhelmstr. 31, 89547 Gerstetten, Tel. 07323/84 45, www.gerstetten.de

Auf der Schwäbischen Alb wandern wir mit den Kindern zurück in die frühe Geschichte der Erde. Als hier das Riff noch unter Wasser lag, herrschten karibische Temperaturen. Ein Rundweg führt uns zu einem der besterhaltenen Ur-Riffe der Welt. Die Kinder sind allerdings mehr von dem tollen Spielplatz vor dem Riff begeistert.

25 Millionen Jahre geht es bei der heutigen Tour, die auch für den Kinderwagen geeignet ist, zurück in der Zeit. Am Bahnhof von Gerstetten starten wir und folgen der Karlstraße hinaus aus Gerstetten. Beim Waldfriedhof erwartet uns die erste UrMeer-Infotafel. Weiter geht es am Waldrand entlang. Wir nehmen rechts einen Feldweg und wandern zum Müllerweg. Wir befinden uns in der Nähe des Sonderlandeplatzes Gerstetten, wo die Flieger vom Flugsportverein Gerstetten ihre Kreise ziehen. Weiter geht es auf dem Müllerweg bis zum Rüblingerhof. Dort biegen wir scharf rechts in die Rüblinger Straße ab und wandern zu den Lindenhöfen. Das Verkehrsaufkommen ist hier mehr als übersichtlich. Nach den Lindenhöfen biegen wir links in einen Feldweg ein. Die Klifftour führt nun zum Heldenfinger Kliff, ein einzigartiges Naturdenkmal in Europa. Gut fünf Meter ist es hoch und es zeigt, wo die Brandungszone des Tertiären Meeres gewesen ist. Bereits 1936 wurde es zum Naturdenkmal erklärt. Es lohnt sich, den Felsen genauer anzusehen. Größere Löcher zeigen, dass sich hier die Bohrmuscheln eingenistet hatten. Wir stehen vor einem fossilen Strand, der etwa 25 Millionen Jahre alt ist. Unweit vom Kliff finden die Kinder einen Spielplatz. Weiter geht es auf der Raiffeisenstraße in das Dorf hinein. Die Straße gabelt sich und wir folgen rechts der Unteren Hirschstraße, die in die Rüblinger Straße mündet. Hier gehen wir links und durch Felder geht es zurück nach Gerstetten. Der Weg verläuft leicht bergauf und parallel zur Landstraße. Bald ist der zottelige Baum, eine Hainbuche, erreicht. Wir biegen links zu einem kleinen Gehölz auf einen Schotterweg ab. Nun kommt der Feldweg der Land-

straße nahe. Wir biegen nicht links auf die Landstraße ab, sondern gehen rechts zum bewaldeten Fronenberg. Hier mündet der Weg in die Alte Heldenfinger Straße. In Gerstetten gehen wir weiter, bis sich die Heldenfinger Straße gabelt. Hier gehen wir nicht links in die Böhmenstraße, sondern rechts in den Müllerweg, dem wir bis zum Ortsrand folgen. Dort macht der Weg einen scharfen Knick nach links und geht in die Alleestraße über. Bald ist der Wasserturm aus grauem Beton zu sehen. Von hier aus bietet sich eine geniale Aussicht über die Alb. Wir biegen rechts in den Ameisenbühl ein und folgen der Straße, bis sie sich mit der Karlstraße kreuzt. Hier biegen wir links ab und gehen zurück zum Bahnhof. Ein Besuch im Riff-Museum lohnt sich auf jeden Fall. Was ist schon eine Stunde gegen 25 Millionen Jahre?!

Ausblick aufs Riff – allerdings ist dieses über 25 Millionen Jahre alt!

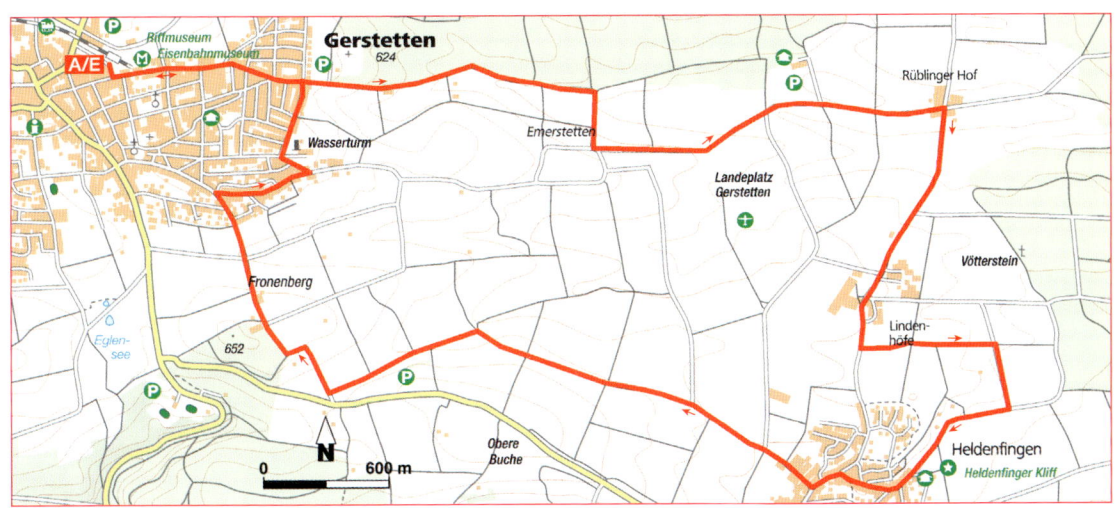

47 Roggenburg

Ökorallye um das Kloster

leicht · 5,3 km · 100 m · 2 Std.

Alter
Ab 6 Jahren

Tourencharakter
Rundwanderung mit Ökorallye

Anfahrt
Auf der A 7 bis zur Ausfahrt Vöhringen/Weißenhorn und weiter auf der St 2019 von Weißenhorn nach Kloster Roggenburg fahren

Ausgangs-/Endpunkt
Kloster Roggenburg

GPS-Daten
48.275303, 10.229409

Einkehr
Kloster Roggenburg

Information
Prämonstratenser-Kloster Roggenburg, Klosterstraße 5, 89297 Roggenburg, Tel. 07300/96 00-0, www.kloster-roggenburg.de

Herrschaftlich erhebt sich das Chorherrenstift der Prämonstratenser über dem Ort Roggenburg. Seit 1126 prägte das Kloster dieses Dorf und seine Umgebung. Bei dieser leichten Wanderung gibt es die Möglichkeit einer Lauschtour und außerdem ist der Weg als Ökorallye angelegt.

»Wann sehen wir endlich einen Biber?« Wir wandern am Klosterweiher vorbei und außer ein paar Enten zeigt sich kein Tier auf dem Wasser. »Biber sind nur in der Dämmerung aktiv und schlafen jetzt!«, versuche ich die Situation zu klären. Allerdings hören mir die Kinder nicht mehr zu, sondern sind schon längst vorausgeeilt. Schließlich ist auch eine Ökorallye auf diesem Weg integriert. Hier können die Familien beweisen, was sie über die Natur wissen oder wie geschicklich sie sind. Alle, die mehr über

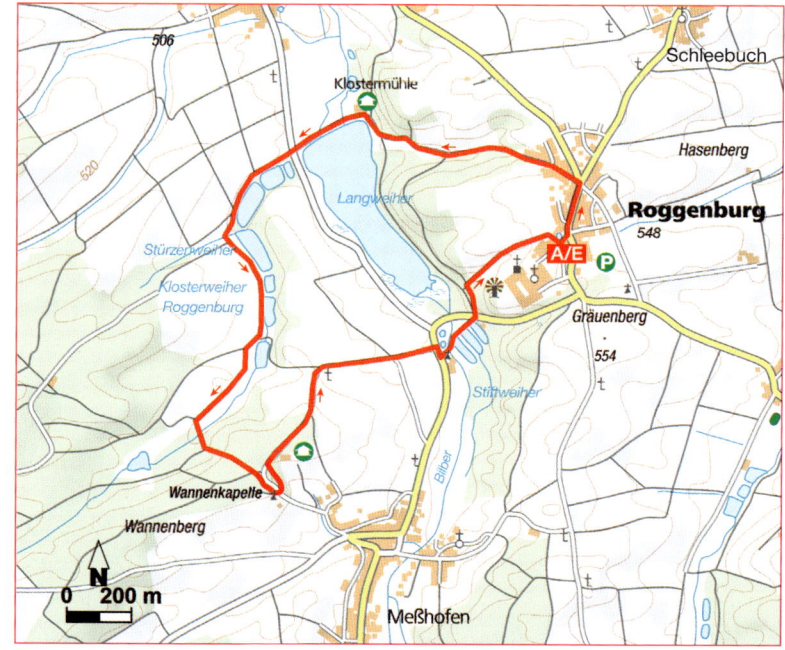

die Geschichte und die Umgebung von Roggenburg wissen wollen, laden sich die passende Lauschtour auf das Mobiltelefon. An neun Stationen gibt es interessante Dinge zu hören, etwa wie die Wannenkapelle entstand oder welche Bedeutung der Klosterweiher mit seiner Abfischanlage hatte. In Roggenburg dominiert das Kloster das Ortsbild. Dabei begann alles bescheiden: Graf Bertold von Bibereck und seine Gattin stifteten 1126 das Kloster. Doch weil der fromme Graf aus einer offenbar gläubigen Familie stammte, schlossen sich ihm seine Brüder an und gaben ebenfalls Starthilfe für das fromme Werk. Der eine Bruder war Bischof von Chur und der andere Domherr in Augsburg. Die ersten Prämonstratenser kamen vom Kloster Ursberg im heutigen Landkreis Günzburg. Zunächst ließen sie sich am Klosterweiher nieder, erkannten aber bald die deutlich bessere Lage auf dem Burgberg. Dort ließen sie auch die erste Klosterkirche errichten. Unsere Tour geht los am Zentrum für Familie, Umwelt und Kultur an der Klosterstraße. Von dort wandern wir zur Klosterkir-

Im Kloster spielt es sich am besten. Bevor die Ökorallye um Kloster Roggenburg startet, toben sich die Kinder im Innenhof auf dem Spielplatz aus.

che. Alle, die sich die Lauschtour-App auf das Mobiltelefon geladen haben, bekommen hier Informationen über diesen sakralen Bau zu hören. Zu den wichtigsten Rokoko-Bauten in Schwaben gehört dieses Gotteshaus. So, wie wir es heute bestaunen können, entstand es in den Jahren 1752 bis 1758. Ein Fest für die Au

Auch der Weiher gehörte zum Kloster. Hier lässt sich wunderbar eine Pause einlegen.

gen ist das Innere des Gotteshauses. Nun geht es in die Hauptstraße, der wir bis zum Abt-Lienhardt-Weg folgen und dort links einbiegen. Der Weg bringt uns an den Rand von Roggenburg. Den Berg hinunter wandern wir zur Klostermühle am Langweiher. Als die Prämonstratenser nach Roggenburg kamen, begannen sie bereits mit der Fischzucht und bis heute ist der Weiher teichwirtschaftlich genutzt. Doch den Kindern ist nicht nach Forelle Müllerin oder Steckerlfisch. Bei der Klostermühle gibt es ein Lokal, an dem wir uns Boote ausleihen und auf dem Langweiher herumschippern können. Wenige Meter von der Klostermühle entfernt ist eine weitere Station der Lauschtour an der Abfischanlage. Die Klöster im Mittelalter versorgten sich selbst und entsprechend wichtig war auch eine Fischzucht. Jetzt geht es immer am Ufer des Langweihers entlang. Bald erreichen wir weitere kleinere Weiher. Wir folgen dem Weg, der moderat entlang der idyllischen Stürzenweiher bergan führt. Bald müssen wir in den

Wald abbiegen. Hier lohnt es sich, kurz stehen zu bleiben und den Blick auf das Kloster Roggenburg zu genießen. Kurz vor der Abzweigung in den Wald haben wir einen fantastischen Blick auf die beiden Klostertürme. Ein Rastplatz lädt ein, diesen Blick in Ruhe zu genießen. Wir folgen dem Waldweg bis zu einer gro-

ßen Lichtung. Dort steht die Wannenkapelle. Aus Dankbarkeit ließ sie Pater Franz Doser, der frühere Abt von Roggenburg, errichten. Soldaten wollten ihn an einem Baum erhängen, da rettete ihn die Gottesmutter Maria als schwedischer Soldat vor dem Strick. Idyllisch ist hier die kleine Kirche im Wald, an der sich auch der Weg gabelt. Geradeaus führt der Kapellenweg nach Meßhofen. Diesen nehmen wir nicht, sondern folgen links dem Forstweg durch den Wald. Am Waldrand angekommen sehen wir schon die beiden 70 Meter hohen Türme der Roggenburger Klosterkirche. An der Wegkreuzung halten wir uns rechts Richtung Roggenburg. Vor den Stiftweihern überqueren wir eine Straße, und wandern rechts an der Straße, bis wir nach fünfzig Metern bergauf am Stiftweiher vorbeikommen. Noch einmal müssen wir die Straße überqueren und es geht kurz durch den Wald hinauf zum Kloster. Auch wenn es keine Biber zu sehen gibt, die Kinder sind von dieser leichten Tour begeistert.

Alle, die mehr über die Wanderung ums Kloster Roggenburg erfahren wollen, laden sich eine App aufs Mobiltelefon.

48 Kellmünz
Sandalen an der Iller

leicht — — — —

Alter
Ab 5 Jahren

Tourencharakter
Besichtigung des Freigeländes

Anfahrt
Auf der A 7 bis zur Ausfahrt 125 und nach Kellmünz fahren

Ausgangs-/Endpunkt
Kellmünz

GPS-Daten
48.121266, 10.12778

Öffnungszeiten
Museumsturm April bis Oktober Sa, So und Feiertage 10–17 Uhr, das Parkgelände lässt sich ganzjährig besichtigen.

Einkehr
Verschiedene Möglichkeiten in Kellmünz

Information
Tourist-Info, Rechbergring 6, 89293 Kellmünz, Tel. 0731/70 40-118, www.landkreis.neu-ulm.de

Caelius Mons. So hieß das römische Kastell, dessen Überreste in Kellmünz zu besichtigen sind. Sehenswert ist auch der Museumsturm, in dem man eine Menge über dieses Militärlager und das Leben zur Zeit der römischen Besatzung erfährt. Das ganze Jahr über ist das Freigelände kostenlos zugänglich.

»Die Mauern sind aber klein!«, meint ein Kind, als es die Überreste des römischen Kohortenkastells in Kellmünz sieht. Doch damals, zur römischen Zeit, als dieses befestigte Militärlager stand, waren die Mauern etwa sieben bis acht Meter hoch. Auch das erfahren die Kinder im kleinen und sehenswerten Museumsturm. Auf einem Hügel über dem Illertal legten die römischen Legionäre um das Jahr 300 nach Christus ein Kastell an. Heute befindet sich der sehenswerte Archäologische Park im Ortskern neben der Pfarrkirche. Die Aufgabe der hier stationierten Kohorte war es, die Grenze des römischen Reiches zu sichern. Auch wichtige Nachrichten musste die Truppe im Bedarf zur nächsten Garnison weiterleiten. Wie ein geschlossenes Hufeisen sah die Festung in Kellmünz aus. 14 mächtige Türme, die etwa zwölf Meter hoch waren, sicherten die Garnison. Wann das Kastell genau entstand, ist ungeklärt. Archäologen gehen davon aus, dass es zur Zeit der Regentschaft von Kaiser Diokletian gewesen sein könnte. Die Forscher fanden bei ihren Ausgrabungen zwei Bronzemünzen aus den Jahren 296 und 297. Die Kinder bekommen hier die Epoche der römischen Herrschaft anschaulich vor Augen geführt. Teile der Festungsmauer sind freigelegt und der archäologische Park Kellmünz lohnt einen Besuch. Wer mit einer Gruppe von Kindern dorthin geht, sollte sich frühzeitig anmelden, um in den Genuss einer altersgerechten Führung zu kommen. Für die kleinen Besucher ist es eine Reise in die Vergangenheit, als hier im rauen Klima an der Iller die Legionäre froren. Was die Forscher über das Lager in Kellmünz herausfanden, das ist im Museumsturm zu sehen. Ein Film zeigt die Rekonstruk-

tion des Kohortenkastells. Was an diesem Kastell überrascht, ist die Aula. »So was haben wir auch in unserer Schule«, meint ein Junge schlau. Doch zur Zeit der Römer war die Aula ein großer Hallenbau. Ein so großer Saalbau ist für ein derartiges Kastell höchst ungewöhnlich. Die Ausmaße dieser Aula sind heute durch bunte Pflaster am Boden gekennzeichnet. Ein beeindruckender Bau muss das gewesen sein. Nur hohen Offizieren oder hochrangigen Verwaltungsbeamten stand eine solche Aula zu. Wann das Ende für dieses Kastell kam, lässt sich schwer sagen. Wahrscheinlich zogen die Truppen im Jahr 430 nach Christus endgültig ab. Später nutzten die Bewohner die hochwertigen Steine aus dem Kastell, um damit ihre Häuser zu bauen. Trotzdem gibt es heute noch einiges an alten Mauern zu sehen. So liegen die Fundamente zweier Türme frei. Bei der Pfarrkirche Sankt Martin beginnt der Rundgang. Er ist beschildert und führt uns in die Zeit der Römer.

In Kellmünz stand ein römisches Kastell. Neben den Mauern erinnert auch eine kleine, aber feine Ausstellung an diese Festung.

49 Wäscherschloss

Eine Ritterburg, wie sie sein soll

leicht | 5 km | 10 m | 1.30 Std.

Alter
Ab 6 Jahren

Tourencharakter
Leichte Wanderung zum Wäscherschloss

Anfahrt
Auf der A 7 bis zur Ausfahrt Aalen und weiter auf der B 29 nach Schwäbisch Gmünd und von dort nach Lorch; auf der B 297 links in die Kornstraße nach Oberkirneck

Ausgangs-/Endpunkt
Oberkirneck

GPS-Daten
48.767324, 9.70444

Öffnungszeiten
Mitte April bis Mitte Oktober Do bis So 13–17 Uhr; Familienführung nur So 14.30 Uhr

Preise
Erwachsene 3 €, Kinder 1,50 €, Familien 7,50 €

Einkehr
Burgcafé im Wäscherschloss

Information
Burg Wäscherschloss, 73116 Wäschenbeuren, Tel. 07172/915 21 11, www.burgwaescherschloss.de

Klein, aber richtig fein ist das Wäscherschloss bei Wäschenbeuren. Im Inneren ist das Leben auf der Burg mit Figuren anschaulich nachgestellt. Auch Ritterrüstungen gibt es zu sehen und die ganze Familie kann anschließend einkehren.

»Da bin ich aber froh, dass ich so einen Helm nicht tragen muss!«, meint ein Junge, als er vor einem Topfhelm steht. »Gesehen haben die Ritter auch nicht viel«, erklärt seine Mutter und zeigt auf die Sehschlitze im Helm. Der Weg von Oberkirneck zu der Festung aus der Stauferzeit hat sich gelohnt. In der Ortsmitte geht es los. Wir folgen immer der Wäscherhofstraße, die durch einen Golfplatz führt. Am Ende des Golfplatzes halten wir uns links und wandern am Waldrand weiter. Über Felder und Wiesen geht es, bis bald die Straße rechts nach Lindenbronn wegführt. Bitte hier nicht abbiegen, sondern geradeaus weiterwandern. Die Straße führt zum Wäscherhof. Wer möchte, geht vor dem Wäscherhof rechts über einen Feldweg zum Aussichtsturm. Vom Wäscherhof sind es nur noch wenige Hundert Meter, bis wir vor der Burg stehen. Weithin sichtbar ist die Stauferstele, eine etwa 2,50 Meter hohe, achteckige Säule aus weißem Jura-Marmor. Hier stand die Stammburg der Staufer, ein schwäbisches Adelsgeschlecht, das bis zum 13. Jahrhundert Könige und Kaiser stellte. »Aber woher kommt denn der Name Wäscherschloss?«, wollen die Kinder wissen. Nun, dazu gibt es folgende Legende: Kaiser Friedrich I, auch Barbarossa genannt, kam hier vorbei, als er zur Burg Hohenstaufen wollte. Da sah er eine wunderschöne Wäscherin, denn hier in Wäschenbeuren soll die »Hofwäsche« für die Burg stattgefunden haben. Um ihr Herz zu erobern, schenkte der Kaiser dieser wunderschönen Wäscherin die Burg Büren. Seitdem heißt diese Festung Wäscherschloss. Soweit die Legende. Im Ortswappen von Wäschenbeuren ist seit 1491 eine Wäscherin zu sehen. Der Name Wäscherschloss geht tatsächlich auf Konrad den Wascher zurück. Der hieß nicht so, weil

Beim Wäscherschloss möchten alle Burgfräulein und Ritter sein! Eine sehenswerte Festung mit kindgerechter Ausstellung über das Leben im Mittelalter erwartet uns hier.

er es mit der Körperpflege besonders genau nahm, sondern weil im Welzheimer Wald der Waschbach verlief. Beeindruckend sind die fast zehn Meter hohen Mauern der Festung und ungewöhnlich ist auch die Form des Wäscherschlosses: Es ist sechseckig.

Auf den Etagen der Festung wird die Zeit des Mittelalters anschaulich vorgeführt. »Was, die hatten kein Nutella zum Frühstück?«, ist ein Kind entsetzt, als es in der Schlossküche den Tisch mit den typischen Nahrungsmitteln aus dem Mittelalter sieht. Mit historisch gekleideten Puppen sind Szenen aus dem Burgleben nachgestellt. Lange bleiben die Besucher auch vor der Sammlung an Waffen und Rüstungen stehen. Im Obergeschoss ist die Geschichte der Staufer dargestellt. Nach der Besichtigung lohnt sich eine Einkehr in die Gaststätte im Erdgeschoss. Auf demselben Weg, wie wir zum Wäscherschloss gewandert sind, kommen wir auch wieder zurück nach Oberkirneck.

50 Rulaman-Höhle
Steinzeitmenschen, Wölfe und Ritter

| mittel | 3 km | 81 m | 1 Std. |

Alter
Ab 8 Jahren

Tourencharakter
Wanderung durch die Wolfsschlucht zur Rulamanhöhle und
zur Burgruine Hohenwittlingen

Anfahrt
Auf der A 8 Richtung Stuttgart
bis zur Ausfahrt 61 Merklin-
gen, dann der B 28 bis Bad
Urach folgen, dort weiter nach
Wittlingen; hier ist der Wanderparkplatz am Sportplatz
ausgeschildert.

Ausgangs-/Endpunkt
Hohenwittlingen, Parkplatz P
65

GPS-Daten
48.469166, 9.423501

Einkehr
Cafés, gut bürgerliche Gast-
stätten und Restaurants in Bad
Urach

Information
Kurverwaltung Bad Urach,
Bei den Thermen 4 (Haus des
Gastes), 72574 Bad Urach,
Tel. 07125/94 32-0,
www.badurach.de

Auf der Alb liegen die Epochen eng beisammen. Und wo dem nicht so ist, da macht man halt das nicht Passende eben passend. Bei der Rulaman-Höhle half ein Schrift-steller aus Hohenwittlingen nach. Auf dieser Tour gibt es für die Kinder einiges zu sehen: eine Höhle, die rätsel-hafte Burgruine und steil aufragende Felsen.

Manche Eltern kennen ihn noch, den Roman Rulaman. Bereits 1878 kam dieses Jugendbuch in die Läden, seitdem ist dieses Werk von David Friedrich Weinland in Württemberg ein Klassi-ker. Mancher Archäologe schüttelt darüber sicher den Kopf, denn mit viel Fantasie schildert Weinland das Leben der Stein-zeitmenschen auf der Schwäbischen Alb. Andererseits: Karl May hat seine Bücher auch geschrieben, lange bevor er in die USA ge-reist ist. Wir starten beim Wanderparkplatz in der Nähe des Hof-guts Hohenwittlingen und wandern in Richtung Wolfsschlucht. Entsprechend ist der Weg ausgeschildert. Die Kinder brauchen aber keine Angst zu haben, hier einen Wolf zu treffen. 1847 lief der letzte frei lebende Wolf im Königreich Württemberg gegen eine Gewehrkugel. Doch die Kinder sind von dieser Schlucht be-eindruckt. Sie wirkt richtig wild. Es lohnt sich, immer wieder auf den Waldboden zu schauen. Dort kann man mit ein wenig Glück Feuersalamander entdecken. Vom Talboden der Wolfsschlucht wandern wir nun den Hang hinauf. Oben angekommen geht es links zur Burgruine Hohenwittlingen, Wir halten uns aber rechts und folgen dem Wegweiser zur Schillerhöhle. Treppen führen hinunter, was bei dem steilen Waldhang auch sinnvoll ist. Hof-fentlich haben die Kinder ihre Stirn- oder Taschenlampen einge-packt, um Licht in die Dunkelheit der Höhle zu bringen. Den Schriftsteller Weinland inspirierte dieses Felsenloch und er ließ hier eine Familie von Steinzeitmenschen hausen. Die Schiller-höhle, Schillingsloch genannt, benannte er in Tulkahöhle um. Die Archäologen suchten hier vergeblich nach Spuren aus der Frühzeit der Menschen. Den Kindern ist das egal. Sie erkunden mit Taschen- und Stirnlampen die Höhle. Keine Sorge, die Höhle ist nur 245 Meter lang und es besteht keine Gefahr, dass sich die Kinder verlaufen. Auch einer weiteren Höhle, dem nahe gelegenen Steffesloch, hat Weinland in seinem Roman Rulaman eine historische Bedeutung angedichtet. In dem Buch heißt sie Staffhöhle. Wir steigen über die Treppen zurück auf den Waldsattel und wandern mit den Kindern rechts zur Burgruine Hohenwittlingen, indem wir einfach den Schildern folgen. Steil geht es hinauf zu dem historischen Gemäuer und oben angekommen bietet sich ein wunderbarer Ausblick über das Ermstal. Auf ihrem Felssporn thront die Burg schon seit über 900 Jahren. Die Ruine könnte wohl einige Geschichten erzählen, für die Kinder ist sie in jedem Fall ein faszinierendes Areal. Wir wandern denselben Weg zurück zum Wanderparkplatz. Und gleich nächste Woche kaufen wir beim Buchhändler eine Ausgabe des Rulaman.

Ruinös! Das blieb von der Burg Hohenwittlingen über. Für die Kinder ein genialer Abenteuer-Platz.

185

Abstieg zur Rulaman-Höhle. Hier spielt ein Jugendbuch, das 1878 erschien und heute noch auf der Alb gut bekannt ist.

Sparen wie die Schwaben: günstig schlafen in der Jugendherberge

Jugendherberge Aalen
Schubart-Jugendherberge Aalen
Stadionweg 8
73430 Aalen
Tel. 07361/492 03
www.jugendherberge-aalen.de

Jugendherberge Bad Urach
Seltbachstr. 9
72574 Bad Urach
Tel. 07125/80 25
www.jugendherberge-bad-urach.de

Jugendherberge Balingen-Lochen
Auf der Lochen 1
72336 Balingen-Lochen
Tel. 07433/373 83
www.jugendherberge-lochen.de

Jugendherberge Blaubeuren
Auf dem Rucken 69
89143 Blaubeuren
Tel. 07344/64 44
www.jugendherberge-blaubeuren.de

Jugendherberge Göppingen-Hohenstaufen
Schottengasse 41
73037 Göppingen-Hohenstaufen
Tel. 07165/438
www.jugendherberge-hohenstaufen.de

Jugendherberge Heidenheim
Liststr. 15
89518 Heidenheim
Tel. 07321/420 45
www.jugendherberge-heidenheim.de

Geschwister-Scholl-Jugendherberge Ulm
Grimmelfinger Weg 45
89077 Ulm
Tel. 0731/38 44 55
www.jugendherberge-ulm.de

Jugendherberge Bad Urach

Abspann

25 Prozent der Zehnjährigen in Ballungszentren haben laut einer Studie der Schutzgemeinschaft Deutscher Wald wenig bis gar keine Naturerfahrung. 2012 bekamen deutlich mehr Kinder in Deutschland Psychopharmaka verschrieben als 2004. Damals mussten 19,6 von 1000 Kindern diese Medikamente nehmen, 2012 waren es bereits 27,1 von 1000 Kindern.

Was haben diese beiden Studienergebnisse gemeinsam und was haben sie mit diesem Buch zu tun? Eine ganze Menge! Es ist verdammt traurig, was Kindern vorenthalten wird, wenn man mit ihnen nicht in den Wald geht oder andere Dinge draußen unternimmt. Sie möchten laufen, auf Bäume klettern oder in den Bach steigen. Welche Gründe gibt es, den wunderbaren kleinen Menschen solche wichtigen Erlebnisse vorzuenthalten? Unseren Leistungswahn. Alles ist mittlerweile auf Leistung ausgerichtet. Das beginnt bereits vor der Zeit im Kindergarten und geht auf der Schule weiter. Anstatt mit den Kindern rauszugehen, stecken wir sie lieber in diverse Kurse. Malkurs für Kleinkinder, Englisch für Säuglinge, Mathematik für alle im Kindergartenalter, Geigenunterricht für Vierjährige, Physik für Vorschulkinder.

Dabei brauchen die Kinder oft nur zwei Dinge von uns Erwachsenen: Zeit und Zuwendung. Gemeinsam miteinander in der Natur etwas erleben, so etwas verbindet. Die Kinder wollen mit der Familie Abenteuer erleben und nicht mit austauschbaren Betreuern. Selbst wenn diese noch so gut ausgebildet sind. Überall in Bayern warten draußen Abenteuer auf Familien und kosten wenig Geld. Es liegt an uns, den Kindern zu zeigen, wie sie ihr eigenes Kanu paddeln und dadurch für sich selbst Verantwortung übernehmen.

Ich wünsche euch viele unvergessliche Erlebnisse in der bayerischen Natur!

Euer Uli

Register

A

Aalen-Wasseralfingen 172
Ahorntal 66
Allgäuer Riebel 123
Alpe Melköde 128
Alpsee 146
Alpspitz 144
Altmühlradweg 78
Altmühltal 80, 92
Arbersce 42

B

Bamberg 62
Baumwipfelpfad 31
Bayerisch Eisenstein 42
Bayerwaldtierpark Lohberg 45
Bergschuhe 19
Bergwerk Wasseralfingen 172
Biken 56
Bischofsreut 26
Bischofswiesen 112
Black Diamond 157
Blaibacher Stausee 34
Bleckenau 151
Blumenberg 92
Bopfingen 158
Breitachklamm 130
Brombachseen 75
Burg Katzenstein 161
Burg Rabenstein 66
Burg Wolfsegg 48
Burgberg 138
Burley 58

C

Campingplätze 53
Cham 34, 50
Chamb 50
Chiemsee 100

D

DAV-Hütte 90
Deuter 91
Döbrastöcken 60
Donaudurchbruch 82
Dreiländereck 26

E

Einsiedl 98
Erzgruben am Burgberg 138

F

Fahrradanhänger 58
Fahrradtaschen 57
Fossilien 92
Freilichtmuseum Finsterau 32
Furth im Wald 50

G

Gerstetten 174
Grünten 138

H

Haidel 26
Hans-Eisenmann-Haus 29
Härtsfeld 161
Herrenchiemsee 100, 102
Herzogstand 95
Heutal 110
Hirschbachtal 69
Hochgrat 132
Hohenstadt 72
Hohenschwangau 146
Hohenwittlingen 184
Holzknechtmuseum 110

I

Ifenbahn 128
Iller 180
Imberg 134
Ipf 158

J

Jack Wolfskin 124
Jugendherbergen 53, 86, 118, 153, 187

K

Kammel-Quelle 164
Kammeltalradweg 164
Katzenstein 161
Kelheim 78, 82
Kellmünz 180
Kleinwalsertal 128
Klettern 156
Klettersteige 157
Kloster Roggenburg 176
Knüppelkuchen 125
Königssee 115
Kühroint-Alm 115

L

Leopoldsreut 26
Limes 168
Lohberg 45

M

Mainradweg 62
Märchenpfad Bischofs-wiesen 112
Märchenwald 42
Marktbuchener Sattel 40

Marmot 156
Meindl 19
Mühlheim 92

N

Naila 60
Nationalpark Bayerischer
    Wald 38
Nationalparkzentrum
    Lusen 29
Naturbad Aschauerweiher
    112
Neuhaus 72
Neuschönau 29
Neuschwanstein 146, 149
Nittenau 35
Norissteig 69

O

Oberfrauenau 37
Oberkirneck 182
Offingen 164
Ökorallye 176
Ortlieb 57
Outdoor-Kleidung 18

P

Paddeln 24, 50, 72, 100
Pegnitz 72
Prien 102
Prijon 25
Pröller 40

R

Rabenstein 66
Radtour 56
Rainau 168
Ramsberg 75
Ramspau 35
Regen 34
Regensburg 34
Rettenberg 141
Riedenburg 80

Rimsting 100
Rodelbahn 144
Roding 34
Roggenburg 176
Romansthal 64
Röthelmoos 108
Rothenburg ob der
    Tauber 78
Rucksack 91
Ruhpolding 108
Rulaman-Höhle 184

S

Salewa 122
Sankt Engelmar 40
Schachten 37
Schamhaupten 94
Schillerhöhle 184
Schlafsack 124
Schlitten 144
Schloss Neuschwan-
    stein 149
Schloss Rosenburg 80
Schloss Stein 105
Schnitzen 20
Schöffel 18
Schwangau 146
Sechta 158
Solnhofen 92
Staffelberg 64
Staffelstein 62
Staubfall 110
Stausee Rainau-Buch 168
Stein an der Traun 105
Sulzberg 27

T

Tegelberg 149
Titting 92

U

UrMeerpfad Gerstetten 174
Urschlau 108

W

Walchensee 98
Wandern 90
Warth 126
Wäscherschloss 182
Wasseramselsteig 141
Watzmann 115
Weitsee 108
Weltenburg 82
Wikinger 98
Wildwasserschwimmen 126
Wissensrallye 114, 138
Wolfsegg 48
Wolfsschlucht 184

X

XLC Parts 56

Z

Zelten 122

Impressum

Verantwortlich: Sabine Klingan
Lektorat und Redaktion: Christian Schneider
Layout und Illustration: Eva-Maria Klaffenböck
Repro: Cromika
Kartografie: Bruckmann Verlag GmbH, Heidi Schmalfuß
Herstellung: Miriam Tönnes

★★★★★

Sind Sie mit diesem Titel zufrieden? Dann würden wir uns über Ihre Weiterempfehlung freuen. Erzählen Sie es im Freundeskreis, berichten Sie Ihrem Buchhändler oder bewerten Sie bei Onlinekauf. Und wenn Sie Kritik, Korrekturen, Aktualisierungen haben, freuen wir uns über Ihre Nachricht an den J. Berg Verlag, Postfach 40 02 09, D-80702 München oder per E-Mail an lektorat@verlagshaus.de.

Unser komplettes Programm finden Sie unter  www.j-berg-verlag.de

Alle Angaben dieses Werkes wurden vom Autor sorgfältig recherchiert und auf den neuesten Stand gebracht sowie vom Verlag geprüft. Für die Richtigkeit der Angaben kann jedoch keine Haftung übernommen werden, weshalb die Nutzung auf eigene Gefahr erfolgt. Insbesondere bei GPS-Daten können Abweichungen nicht ausgeschlossen werden.

Autorenempfehlung
Sie sind auf der Suche nach weiterführender Literatur? Dann empfehlen wir Ihnen den Titel »Das Kinderwandererlebnisbuch Oberbayern«. Oder Sie werfen einen Blick in die Zeitschrift »Der Bergsteiger«. Hier werden Sie bestimmt fündig.
Ihr Uli Wittmann

Bildnachweis: Bildnachweis: Alle Bilder im Innenteil und auf der Umschlagrückseite stammen vom Autor mit folgenden Ausnahmen:

Arberbergbahn, www.arber.de: S. 43, S. 44; Bahnmüller, Lisa: S. 22/23; Berchtesgadener Land Tourismus GmbH: S. 113, S. 114; Fränkisches Seenland: S. 57, S. 76 und S. 77; Franken Tourismus FWL Andreas Hub: S. 58, S. 59 und S. 63; Freilichtmuseum Finsterau: S. 32, S. 33; Gemeinde Haidmühle: S. 27; Hotel Burg Rabenstein: S. 55, S. 67; Kur & Tourismus Service Bad Staffelstein: S. 65, S. 91; Landkreis Freyung Grafenau: S. 53; mauritius images/ANP Photo/Philippe Clement: S. 29; mauritius images/Bird of Prey, Alius Imago/Alamy: S. 45; mauritius images/Chromorange/August Forkel: S. 86; mauritius images/imageBROKER/Dr. Wilfried Bahnmüller: S. 153; mauritius images/imageBROKER/Hermann Dobler: S. 95; mauritius images/imageBROKER/Michael Krabs: S. 30; mauritius images/imageBROKER/Raimund Kutter: S. 87; mauritius images/imageBROKER/Lilly: S. 154/155; mauritius images/imageBROKER/Gisela Rentsch: S. 37; mauritius images/Martin Siepmann: S. 97; mauritius images/Westend61/Tom Chance: S. 118; mauritius images/Peter Widmann/Alamy: S. 119; Nationalpark Bayerischer Wald: S. 37; Oberpfälzer Seenland, Fotograf T. Kujat: S. 35, S. 36; Tourismus Ulm: S. 187; Tourismusverband Ostbayern e.V.: S. 69, S. 71; Tourist-Info Frauenau: S. 39; Tourist-Info Sankt Englmar: S. 41; Tourist-Info Walchensee, Fotograf T. Kujat: S. 3; Verein Freunde der Burg Stein e.V.: S. 105, S. 107; Verwaltungsgemeinschaft Kochel am See: S. 99; Wikimedia Commons/Max1235: S. 105

Umschlagvorderseite: Kinder entdecken die Natur (© huber-images.de/Schmid Reinhard)
Umschlagrückseite: Familienabenteuer Paddeln

Die Deutsche Nationalbibliothek verzeichnet diese Publikation in der Deutschen Nationalbibliografie; detaillierte bibliografische Daten sind im Internet über http://dnb.d-nb.de abrufbar.

© 2016 J. Berg Verlag in der Bruckmann Verlag GmbH, München
ISBN 978-3-86246-521-7